# 参考：勘定科目表

## 貸借対照表
令和　年　月　日

| 資　　産 | 負債・純資産 |
|---|---|
| （資産） | （負債） |
| 現　　　　金 | |
| 当 座 預 金 | |
| 普 通 預 金 | |
| 定 期 預 金 | |
| 受 取 手 形 ……… | 支 払 手 形 |
| 売 掛 金 | 買 掛 金 |
| クレジット売掛金 | |
| 電子記録債権 ……… | 電子記録債務 |
| 売買目的有価証券 | |
| 商　　　　品 | |
| 前 払 金 ……… | 前 受 金 |
| 立 替 金 ……… | 預 り 金 |
| 未 収 入 金 ……… | 未 払 金 |
| 貸 付 金 ……… | 借 入 金 |
| 手形貸付金 ……… | 手形借入金 |
| 前 払 費 用 ……… | 前 受 収 益 |
| 前 払 保 険 料 | |
| 未 収 収 益 ……… | 未 払 費 用 |
| 消 耗 品 | |
| 仮 払 金 ……… | 仮 受 金 |
| 備　　　　品 | |
| 仮払消費税 ……… | 仮受消費税 |
| | 未払消費税 |
| 仮払法人税等 ……… | 未払法人税等 |
| 車 両 運 搬 具 | |
| 機　　　　械 | |
| 建　　　　物 | |
| 土　　　　地 | |
| | 貸倒引当金 |
| | 減価償却累計額 |
| | （純資産） |
| | 資本金（期首） |
| | 資本準備金 |
| | 利益準備金 |
| | 繰越利益剰余金 |
| | **当期純利益** |

## 損益計算書
令和　年　月　日〜令和　年　月　日

| 費 | 益 |
|---|---|
| | 上 |
| | 代 |
| | 賃 |
| | 息 |
| ……… | 受取手数料 |
| 販 売 費 | |
| 広 告 宣 伝 費 | |
| 旅費・交通費 | |
| 交 際 費 | |
| 通 信 費 | |
| 保 険 料 | |
| 水 道 光 熱 費 | |
| 消 耗 品 費 | |
| 修 繕 費 | |
| 租 税 公 課 | |
| 減 価 償 却 費 | |
| 貸倒引当金繰入 ……… | 貸倒引当金戻入 |
| 貸 倒 損 失 | |
| 売 上 割 引 ……… | 仕 入 割 引 |
| 有価証券評価損 ……… | 有価証券評価益 |
| 有価証券売却損 ……… | 有価証券売却益 |
| 固定資産売却損 ……… | 固定資産売却益 |
| 棚 卸 減 耗 費 | |
| 商 品 評 価 損 | |
| 雑 費 ……… | 雑 収 入 |
| 雑 損(失) ……… | 雑 益 |
| **当期純利益** | |

基礎から学ぶ

# 簿記会計・経営分析

三枝 幸文　石垣 美佳 共著

税務経理協会

# は　し　が　き

　近年，わが国の社会現象としては，少子高齢化社会，グローバル社会，キャッシュレス社会などと表現されている。そのような状況下で関わってくるのは「お金」である。簿記会計を学ぶことは，個人としては「お金」の流れを知ることで，ライフプランニングにも繋がる。また，企業でいえば，国際会計基準が導入され，グローバル経済における企業経営はますます複雑になり，企業経営を適切に捉えるうえで有益であると思われる。

　こうした社会情勢を背景に，企業が提供する財務報告は，その利害関係者にとって関心の的になっている。会社が作成する財務報告書からは，企業の財政状態や経営成績のみでなく経営戦略さえ見えてくるため，その会社の将来性を判断することも可能となる。それゆえ，会計に対するニーズはますます高まっており，その会計学の体系的な学習を行うには，簿記の知識が必要不可欠となる。

　簿記を理解することによって，企業の経理事務に必要な会計知識だけではなく，財務諸表を読む力，基礎的な経営管理や分析力が身につく。また，ビジネスの基本であるコスト感覚も身につき，常にコストを意識することができる。

　なお，本書の特徴は次の5点に集約される。

(1)　本書は前半を簿記会計の基礎，後半を経営分析の基礎とした。このような構成にした理由は，初めて簿記を学ぶ者にとって，簿記の勉強がいかなる場面でどのように役立つかという疑問を持つことが多く，それがわからないままに仕訳や勘定記入といった作業をしているケースが見受けられ，このことが学習意欲をなくす原因になっているからである。そのため，本書では後半に経営分析の章を設けることによって，簿記の知識は，財務諸表を作成するためだけでなく，出来上がった財務諸表を用いて会社の分析をする場合にも不可欠なものであるということを読者の方々に理解していただけるであろう。

(2)　まず第1章では，簿記の全体概念についてサービス業を営む個人会社を対

象にして説明している。サービス業を対象にした理由は，「商品」勘定を用いないで簿記の基本を学ぶためである。

(3)　第2章からは商品売買に関する会計処理に入るが，3分法からスタートしている。また，近年のキャッシュレス社会や簿記検定試験の出題範囲により，「クレジット売掛金」や手形に代わる「電子記録債権・債務」などの新項目を説明している。また後半の法人企業の処理では，簿記検定試験がほとんど法人企業が対象となっていることを踏まえ，株式会社会計の処理として，株式の発行から配当，利益の振り替えを中心に説明している。さらには税金として，法人税や消費税についての処理を加えている。

(4)　さらに第5章（経営分析）では，これまで簿記会計で学んだ知識を活かして，収益性・効率性・安全性・成長性の分析や損益分岐点分析ができるように，具体的な計算例を用いてわかりやすく説明している。経営分析における様々な手法を理解することは，企業分析に役立つであろう。

(5)　本書は，単に簿記手続きのみを表しているのではなく，何故このような簿記手続きが必要であるかという論拠をできるだけわかりやすく説明しているので，基礎的な会計学の勉強にもなるはずである。

　このように本書は大学の経営学部・商学部・経済学部の学生を対象としたテキストとして作成したものであるが，もちろんその他の簿記会計の基礎を学ぼうとする方々にも利用していただけると思う。また，本書がこれまで以上に，多くの方々に利用され，経理の基本的な知識が身につくことが役立つ一方で，本書を出発点にして，簿記検定試験にチャレンジする方々がより多く輩出できることを願っている。

　本書の執筆・出版にあたっては，税務経理協会社長の大坪克行氏，編集部の皆様に一方ならぬご協力をいただいたことに際し，厚くお礼申し上げる。

令和2年4月1日

　　　　　　　　　　　　　　　著者　三枝　幸文
　　　　　　　　　　　　　　　　　　石垣　美佳

# CONTENTS

# 第3章 │ 商品売買業の決算処理

# 第4章 ｜ 伝票会計

# 第5章 ｜ 経営分析

# 第1章 | 簿記の基礎概念

## 第1節 | 簿記とは何か

### 1 簿記の目的

今日の経済社会においては企業の正確な状態を把握することは極めて重要であり，そのために簿記の知識は必要不可欠なものである。その場合の企業の正確な状態とは，(1)企業が一定期間（例：1月1日～12月31日）にどれだけの利益を獲得したかという**経営成績**と，(2)一定時点（例：12月31日現在）における企業の資産・負債・純資産がどのようになっているかという**財政状態**の2点をいう。

この会社の経営成績を表示する報告書が損益計算書で，財政状態を表示する報告書が貸借対照表である。これらの報告書は「財務諸表」（ふつう「決算書類」といわれる）と呼ばれている。

簿記は企業における毎日の取引を記録し，集計し，最終的に財務諸表を作成する一連の手続きに必要な知識である。

### 1 企業とステークホルダー

また，今日の資本主義社会の発展とその高度化のため，企業をとりまく利害関係者（ステークホルダー）の範囲は急速に拡大している。これを簡略化して図示すれば次頁のようになる。

もちろん利害関係者の全てが財務諸表に関心を持っているわけではない。例えば一般消費者などは，企業の商品やサービスには関心があっても，財務諸表にまでは関心を払ってはいないであろう。利害関係者のうち財務諸表に最も関心を払うのは株主や債権者（例：金融機関等）である。

これらの利害関係者の関心は必ずしも一致したものではなく，むしろ互いに

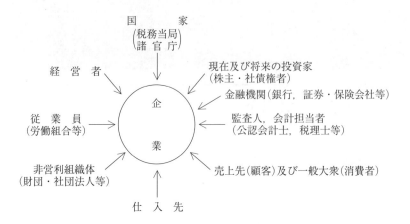

対立していることがしばしばである。例えば，株主に対する配当の支払が不当
に多ければ，それだけ現金が社外へ流出することになり，それは債権者の利害
を損なうことになる。このため，簿記はルールに従った会計処理を行うことに
よって恣意性を排除し，特定の利害関係者に片寄らないことによって全ての利
害関係者を納得させ，かつ企業の実体を正しく表示・報告するための機能が期
待されている。

　簿記は財務諸表を作成するうえで，また作成された財務諸表から企業経営に
関する情報を引き出すためにも不可欠な手続きである。

## 2　ディスクロージャーとステークホルダー

　ステークホルダーの中でも，特に株主や債権者は資金提供者という意味で重
要な地位を占めている。しかしながら，彼らは企業の情報に関して，経営者に
比べて極めて限られた情報しか入手出来ない立場にある。資金調達を行おうと
する企業経営者と，資金を提供する株主や債権者とでは，情報の量や質の面で
は対等の関係は期待し得ない。経営者は自己の有利な立場を利用し，情報を操
作したり隠ぺいしたりすることもできる。

　株主や債権者などの投資家が自己責任で行動するためには，その前提として
企業側からの情報開示すなわちディスクロージャーが不可欠である。

## 2　簿記の種類

### 1　記帳技術による分類

　簿記は記帳技術の相違によって「単式簿記」と「複式簿記」とに分けられる。

(1)　**単式簿記**（single-entry bookkeeping）とは，記帳の際に特定の原理・原則が
なく，金銭の受け払いを中心に常識的に記録・計算を行う手続きである。し
たがって，簡単であるため，家計や小規模な非営利組織体などのほか，一部
の零細企業や官庁などにおいて利用されているに過ぎない。

(2)　**複式簿記**（double-entry bookkeeping）とは，一定の原理・原則に従って，組
織的に自己の財産の変動を記録したり損益を計算する手続きである。今日簿
記といえばこの複式簿記を意味し，広く各種の事業にとり入れられている。
それは複式簿記を用いることで，財産の計算と資本の計算および営業成績の
計算が合理的にできることと，経営管理に有用であるという理由に基づいて
いる。

### 2　事業による分類

　簿記は採用される事業の種類によって，各種の簿記に分類される。その代表
的なものは**商業簿記・工業簿記・公益法人簿記**である。その他にも，鉱業簿
記・農業簿記・銀行簿記・保険簿記・運送簿記・学校法人簿記・社会福祉法人
簿記・中小企業組合簿記・官庁簿記なども考えられる。

(1)　**商業簿記**（commercial bookkeeping）は，商品売買業を営む商企業の経営活
動に対して適用される簿記である。商企業では基本的に，商品を問屋から仕
入れ，これを第三者に販売して代金を回収するという次のような

貨　幣 → 商　品 → 貨　幣

という過程を繰り返すので，これを対象とする簿記が商業簿記である。簿記
の基本を学ぶときはこの商業簿記を出発点にするのが一般的であり，他の簿
記はこれを応用したものである。

(2)　**工業簿記**（industrial bookkeeping）は，製品製造業を営む工企業の経営活動

に対して適用される簿記である。工企業では商企業のように完成品を仕入れるのではなく，仕入れるのは原材料であって，それを工場で加工し製品に仕上げて販売する。したがって基本的に，次のような

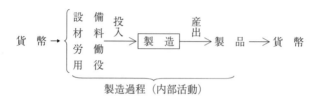

製造過程（内部活動）

という過程を繰り返す。商企業との違いは，モノを作り出すという製造過程を企業内部に持っていることである。したがって，工業簿記では主としてこの製造過程を取り扱うことになる。

(3) **公益法人簿記**は，財団法人や社団法人という非営利組織体の一種たる公益法人に対して適用される簿記である。昔は統一的な会計処理基準がなく，金銭の受け払いだけをどんぶり勘定的に計算するだけであり，あってもせいぜい単式簿記を行うだけの公益法人がほとんどであった。しかし，現在では統一的な会計処理基準が整備されたため，収支計算を中心に採算計算を行うことが求められている。ただし，民間企業の場合とは異なり，損益計算は行わない。

工業簿記と公益法人簿記は商業簿記の応用である。また，学校法人簿記や社会福祉法人簿記も，公益法人簿記と同系統の簿記である。

## 3 適用される経営体による分類

さらに，簿記は営利の追求を目的とする事業で用いられる営利簿記（企業簿記）と，営利を目的としない非営利組織体や官庁などで用いられる非営利簿記とに大別される。

(1) **営利簿記**は，さまざまな企業が採用するもので，財産計算と損益計算の両面を扱うことが特徴であり，商業・工業・銀行・運送・農業などの簿記がこれに該当する。

(2)　**非営利簿記**では，収支計算が中心で損益計算は行わない。ただ，一般的に非営利簿記は単式簿記であるとされているが，近年では公益法人・学校法人・社会福祉法人などの非営利組織体において採算計算や複式簿記を導入するところが増えているのも事実であり，一概に非営利簿記は単式簿記であるとはいえなくなっている。

---

*Column*　**簿記の歴史的発展**

　簿記が世界で初めて学問として理論的・体系的に述べられるに至ったのは，1494年ヴェネチアの数学者ルカ・パチョーリ（Lucas Pacioli）が出版した『算術・幾何・比および比例総攬』（ふつう "Summa" と略される）の中においてである。この書物をもってして，今日の複式簿記の基本構造（原理）は完成したと考えられている。

　複式簿記はその後，資本主義経済の発展と歩調を合わせて展開し，世界的に伝播しつつ，産業革命とともに会計学へと進展していった。当然，わが国にもその影響は及んでいった。わが国の場合，江戸時代という長い鎖国状態があったため，複式簿記が入ってきたのは明治時代になってからである。すなわち，1873年（明治6年）に福沢諭吉が翻訳した『帳合之法』（原書はアメリカのBryant and Strattonによる "Common School Book-Keeping"）と，イギリス人銀行家アラン・シャンド（Alexander Allan Shand，当時は大蔵省の書記官）の草案を基礎として編纂された『銀行簿記精法』が同時に刊行されたのをもって，わが国に複式簿記が初めて紹介されたと認められるのである。このことから，明治6年は，わが国の簿記会計制度の基礎が敷かれた年であるといわれている。

## 第**2**節 貸借対照表と損益計算書

### 1 貸借対照表の意義と作成

　貸借対照表は，ある一定時点（例：12月31日現在）における企業の財政状態を示すことを目的として作成される。貸借対照表の左側には**資産**が，右側には**負債**と**純資産**が記入される。

### 1 資　　産（assets）

　**資産**とは企業の所有に属する一定の貨幣価値をもつもので，経営に役立つものをいう。例えば，(1)現金・銀行預金のような金銭，(2)商品・備品（机やパソコンなど）・建物のような物品，(3)現金を貸し付けたときに生じる貸付金などの債権や特許権・商標権などのような無形のものまでさまざまなものがある。

　簿記ではこれらのようなものを資産と呼んでいるが，これは日常用語としての「財産」と「権利」にほぼ相当していると考えてよい。

### 2 負　　債（liabilities）

　企業では，企業主の出資した資金だけでは，会社の経営資金として不十分なことが多い。その場合には銀行等からの資金の借入れが必要となる。しかし，借入金は返済の義務があり，この債務を簿記では負債という。負債（例：借入金）を返済あるいは支払うためには，資産（例：現金や銀行預金など）は減少する。すなわち，負債は最終的に資産を減らす働きをする。したがって，資産と負債とはプラスとマイナスの関係にある。このことから，簿記上「財産」という場合には資産と負債が該当し，資産は**積極財産**，負債は**消極財産**と呼ばれている。

## 3　純　資　産

　純資産とは，資産から負債を差し引いた残額をいう。

　**純資産**は⑴企業主（出資者）が企業に出資した額と⑵その後の営業活動の結果得た "もうけ" から構成されている。

　なお，銀行からの借入金は返済を必要とするが，資本は返済の必要がないものである。純資産は，資産から負債を差し引いて求められるが，それを等式で示したものが**資本等式**であり，次の算式で示される。

$$資産　-　負債　=　純資産　……資本等式$$

　純資産は返済の義務がないため自己資本と呼ばれ，これに対して負債は返済の義務があり他人資本と呼ばれる。さらに，負債と純資産を合計したものを総資本という。

　また，資産を積極財産，負債を消極財産，資本を純財産と呼ぶこともある。

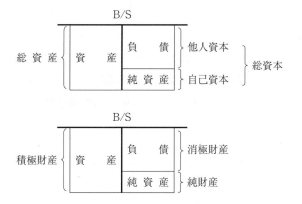

## 4　貸借対照表（balance sheet；B/S）の役割

　貸借対照表は，資産・負債・純資産の一覧表であるが，それを資金の観点からみると，⑴右側の「負債と純資産」は資金の調達源泉を示しており，⑵左側の「資産」は資金の使途すなわち運用形態を示している。この両者は同額であり，次の算式が成り立つ。これは**貸借対照表等式**と呼ばれる。

## 資産 ＝ 負債 ＋ 純資産 ……貸借対照表等式

　この式に基づいて左側に資産を，右側に負債と純資産を表示した一覧表が**貸借対照表**であり，企業の一定時点（例：決算日）の財政状態を表示する重要な決算書類である。なお，貸借対照表の左側の合計と右側の合計は一致する。

貸 借 対 照 表

企業名　　　　令和×年12月31日現在（単位：円）

（注）期首純資産の金額を「資本金」と表示

　なお，上図の**当期純利益**（current period net income）とは，一会計期間（通常は１年間）において企業の経営活動によって生じた純資産の増加額をいう。逆に純資産が減少した場合，その減少額を**当期純損失**（current period net loss）といい，当期純利益と当期純損失を合わせて**当期純損益**（current period net income or loss）という。

---

**（注）**　簿記では右側のことを貸方（かしかた），左側のことを借方（かりかた）と呼んでいる。

---

---

**例題2－1**

　次の資料によって，①開業時の貸借対照表を作成し，②資本金を算出し，③資本等式と貸借対照表等式を示しなさい。

　―資　料―　磐田会計事務所の開業時の状況（令和×年1月1日）

| 建 | 物 | 400,000 | 未 払 金 | 100,000 | 備 | 品 | 150,000 |
|---|---|---|---|---|---|---|---|
| 現 | 金 | 50,000 | 土　　地 | 500,000 | 借 入 金 | | 300,000 |
| 銀行預金 | | 200,000 | | | | | |

---

**【解　答】**

①

**貸　借　対　照　表**

磐田会計事務所　　　　　　令和×年1月1日　　　　　　（単位：円）

| 資　　　産 | 金　　額 | 負債・純資産 | 金　　額 |
|---|---|---|---|
| 現　　　　　金 | 50,000 | 未　払　金 | 100,000 |
| 銀 行 預 金 | 200,000 | 借　入　金 | 300,000 |
| 備　　　　　品 | 150,000 | 資　本　金 | 900,000 |
| 建　　　　　物 | 400,000 | | |
| 土　　　　　地 | 500,000 | | |
| | 1,300,000 | | 1,300,000 |

② 資産合計（50,000＋200,000＋150,000＋400,000＋500,000）

　　－負債合計（100,000＋300,000）＝純資産合計（900,000）

　　開業時ゆえ，当期純利益はない。よって資本金＝900,000円

③《資本等式》

　　資産1,300,000円－負債400,000円＝純資産900,000円

　《貸借対照表等式》

　　資産1,300,000円＝負債400,000円＋純資産900,000円

---

## 2　損益計算書の意義と作成

　企業は一般にできるだけ多くの利益を獲得することを目標に活動しているので，一定時点の財政状態のほかに，ある一定期間（例えば1年間）においてどれだけの利益を獲得したかを計算する必要がある。これを**損益計算**（profit and loss account）という。損益計算書は，一定期間における企業の経営成績を示すことを目的として作成され，損益計算書の右側（貸方）には**収益**，左側（借方）には**費用**が記載され，両者の差額として当期純利益または当期純損失が示される。

## 1 収 益（revenues）

**収益**とは，外部に財貨または用役を提供してその対価を稼得できるものをいう。つまり，収益は営業活動によって純資産が増加する原因をいう。例えば売上高，受取利息，受取手数料などがある。なお，このほかに純資産が増加する原因としては，資本金の元入れ（出資）や追加元入れ（増資）がある。それらは資本金そのものの増減取引であり，営業活動の成果ではないので収益とはならない。

## 2 費 用（expenses）

**費用**とは，収益を獲得するために犠牲として失われた貨幣価値相当額をいう。すなわち，費用は純資産の減少原因となるものである。例えば，給料，交通費，通信費，支払家賃，支払地代などがある。

## 3 損益計算書（profit and loss statement；P/L）の役割

損益計算書は，一定期間における収益と費用を対比することによって当期純利益を求めるものである。

収益は純資産の増加原因であり，費用は純資産の減少原因である。つまり，(1)収益が費用を上回っていれば純資産が増加するので**当期純利益**となり，逆に(2)費用が収益を上回っていれば純資産が減少するので，**当期純損失**となる。これにより次の算式が得られる。これを**損益計算書等式**と呼ぶ。

収益 － 費用 ＝ 当期純利益（マイナスならば当期純損失）

あるいは　**費用　＋　当期純利益　＝　収益　……損益計算書等式**

この式に基づいて右側（貸方）に収益を左側（借方）に費用を表示し，差額として当期純利益または当期純損失を表示した一覧表が損益計算書である。

損　益　計　算　書

企業名　　令和×年1月1日〜令和×年12月31日（単位：円）

| 費　　　用 | 金　額 | 収　　　益 | 金　額 |
|---|---|---|---|
| 費　　　用 | | 収　　　益 | |
| 当　期　純　利　益 | | | |

**（注）**　当期純利益は赤字で記入する。

**損益計算書**は，企業の一定期間における経営成績を表示するための決算書類である。なお，損益計算書の左側（費用と当期純利益）の合計と右側（収益）の合計は一致する。また当期純利益，当期純損失は損益計算書上，**赤字記入**（red-ink entry）する。

---

**例題2−2**

次の資料によって，①損益計算書と②損益計算書等式を示しなさい。

—資　料—　磐田会計事務所の1年間の活動状況（令和×年1月1日〜令和×年12月31日）

| 受取報酬 | 800,000 | 給　料 | 400,000 | 営業費 | 500,000 |
|---|---|---|---|---|---|
| 受取利息 | 10,000 | 支払利息 | 18,000 | 受取家賃 | 290,000 |
| 保険料 | 12,000 | 雑　費 | 20,000 | | |

【解 答】

① 損 益 計 算 書

磐田会計事務所　令和×年1月1日〜令和×年12月31日　（単位：円）

| 費　用 | 金　額 | 収　益 | 金　額 |
|---|---|---|---|
| 給　　　　料 | 400,000 | 受 取 報 酬 | 800,000 |
| 営　業　費 | 500,000 | 受 取 利 息 | 10,000 |
| 支　払　利　息 | 18,000 | 受 取 家 賃 | 290,000 |
| 保　険　料 | 12,000 | | |
| 雑　　　費 | 20,000 | | |
| （当 期 純 利 益） | （150,000） | | |
| | 1,100,000 | | 1,100,000 |

←――――（同額）――――→

(注)　（　）内は赤字記入

② 損益計算書等式

収益1,100,000円－費用950,000円＝当期純利益150,000円

---

## 3 会 計 期 間

　今日の企業会計は企業の継続を前提にしている。したがって，企業の財政状態や経営成績を把握するには，一定の期間を区切って決算を行い，その期間の成果を計測する必要がある。

　その一定の期間（例えば1年間）のことを会計期間（または会計年度・事業年度；accounting period）という。その会計期間の初日を期首（the beginning of a period），末日を期末（the end of period, period end）という。期末は決算日である。期末（決算日）の翌日は，次期の会計期間の期首となる。

　個人企業の場合，会計期間は1月1日から12月31日までの1年間である。

　法人企業の場合，会社ごとに異なるが，会計期間は4月1日から3月31日までの1年間である場合が多い。

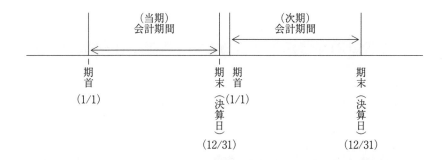

## 4　貸借対照表と損益計算書との関係

　複式簿記の原理の特徴は，企業の財政状態を示す「貸借対照表」と企業の経営成績を示す「損益計算書」とが密接に関連していることである。すでに見たように，当期純利益は損益計算書によって計算される。このほかに当期純利益は純資産の純増加額であるので，期首貸借対照表と期末貸借対照表を比較することによっても求められる。すなわち，期首の貸借対照表上の純資産の額（期首純資産）と期末の貸借対照表上の純資産の額（期末純資産）の差額として当期純利益を求めることができる。ここに貸借対照表と損益計算書との関連を見出すことができる。

### 1　損益計算の方法（財産法と損益法）

　損益計算の方法には，財産法と損益法の2種類があり，両者の当期純利益は一致する。

### (1)　財　産　法

　財産法とは，期末純資産から期首純資産をマイナスして当期純利益を求める方法である。すなわち期首の純資産が，1年間経過した期末時点でどのくらい増えているか，その増加額をもって当期純利益とする方法である。

$$当期純利益　=　期末純資産　-　期首純資産$$

$$=　（期末資産-期末負債）-（期首資産-期首負債）$$

なお，期中に追加元入れや引出しがあるときは，次の式によって求める。

当期純利益＝期末純資産－（期首純資産＋追加元入れ－引出し）

**(2) 損 益 法**

　損益法とは，収益から費用を差し引くことによって当期純利益を求める方法である。損益法は，当期純利益の発生原因を把握するうえで役立つ。

当期純利益 ＝ 収益 － 費用

**(3) 財産法と損益法の比較**

　財産法では当期純利益が例えば1,000万円と計算されたとしても，それは期末純資産から期首純資産を差し引いて求めたものであるため，当期純利益がどのような原因によって得られたかは不明である。それは総額で1,000万円の利益が得られたというにすぎない。利益の発生原因（例えば売上が増えたためか，売上は前期と変わらなかったが費用が少なくて済んだためか，売上は減少したが遊休不動産を売却したためか）を追求することは財産法では不可能である。利益の発生原因を知るためには，収益と費用を対比する形での損益法によって求めざるを得ない。この損益法を用いて一覧表にしたのが損益計算書である。

## 2　B/SとP/Lの関連の図解

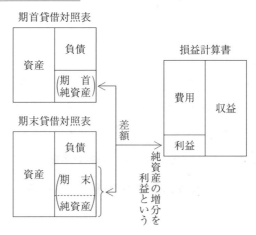

---

**例題2－3**

次の表の空欄に適当な金額を記入し，完成させなさい。ただし，純損失の場合には△の符号をつけなさい。

| | 期首 | | | 期末 | | | 収益 | 費用 | 純損益 |
|---|---|---|---|---|---|---|---|---|---|
| | 資産 | 負債 | 純資産 | 資産 | 負債 | 純資産 | | | |
| 1 | （A） | 12,000 | （B） | 29,000 | （C） | 18,000 | （D） | 15,000 | 4,000 |
| 2 | 7,000 | （E） | 5,000 | 10,000 | 3,000 | （F） | 5,000 | （G） | （H） |
| 3 | 25,000 | 10,000 | （I） | （J） | 5,000 | （K） | 17,000 | （L） | 4,000 |
| 4 | （M） | 10,000 | 4,000 | 12,000 | （N） | （O） | 8,000 | 9,000 | （P） |

**【解　答】**

（A）26,000　（B）14,000　（C）11,000　（D）19,000

（E）2,000　（F）7,000　（G）3,000　（H）2,000

（I）15,000　（J）24,000　（K）19,000　（L）13,000

（M）14,000　（N）9,000　（O）3,000　（P）△1,000

---

**例題2－4**

次の資料によって，期末純資産・当期純損益・期間中の費用総額を求めなさい。

1．期　首　資　産　￥2,714,000　　期首負債　￥1,776,000
2．期　末　資　産　　2,972,000　　期末負債　　1,947,000
3．期間中の収益総額　4,510,000
4．期間中の引出し　　　40,000
5．期間中の追加元入高　350,000

（全経簿記検定2級　第102回）

**【解　答】**

期末純資産　￥1,025,000

当期純損失　　223,000

費用総額　　4,733,000

## *Column*　利益はあるのに倒産する（黒字倒産）

　損益計算書における当期純利益は，あくまでも収益と費用の差額として求めるものであり，現金の収入と支出の差額として求めるものではない。したがって，当期純利益が生じたからといって，その金額に相当する現金が会社内に存在するという保証はない。それゆえ利益が生じていても，現金が不足し銀行から借り入れることもできない場合は資金繰りに行きづまって倒産（黒字倒産）することがある。

## 第**3**節 | 取引と勘定

### 1 取引の意義

　簿記では企業の資産・負債・純資産に増加・減少という変動を引き起こす一切のことがらを**取引**（簿記上の取引，transaction）という。この場合，資産・負債・純資産・収益・費用に増減を生じさせることがらを取引といってもよいが，収益・費用の増減は最終的には純資産の増減につながる。そこで，通常は資産・負債・純資産に増減をもたらすものを簿記上の取引と呼んでいる。しかし，この簿記上の取引の概念は，下の図にみるように社会一般に用いられている取引（**社会通念上の取引**）の概念とは必ずしも一致しない。この一致しない部分が図の左端(a)と右端(b)である。

　(a)は社会通念上は取引とみなされるが，簿記上の取引とはならない。例えば，商品の注文だけでは未だ商品の移動はなく，現金等の移動はない。また，建物の賃貸借契約だけでは建物の所有権が移転したわけではなく，賃借料の支払いも生じていない。それゆえ，これらの取引は資産・負債・資本・収益・費用の変動がないため，いずれも簿記上の取引とはならない。

　これに対して(b)は簿記上の取引であるが，社会通念上は取引とみなされないものである。例えば，盗難や火災などによる損失は社会通念上は取引とならないが，簿記上は資産の減少を生ずるので取引となる。

　なお，簿記において記帳の対象となるものは，それが簿記上の取引であることのほか，貨幣額で表示し得るものでなくてはならない。したがって，経営者の能力や労働者の技術の熟練度のようなものは記帳の対象とはならない。

---

**例題３－１**

　次のうち簿記上の取引となるものを選びなさい。

| | | | |
|---|---|---|---|
| ① | 借金を返済した。 | ⑥ | 商品を倉庫会社に預けた。 |
| ② | 土地の賃貸借契約を結んだ。 | ⑦ | 台風で商品が流失した。 |
| ③ | 商品を売った。 | ⑧ | 家屋を借入金の担保にした。 |
| ④ | 現金と机を出資して営業を始めた。 | ⑨ | 商品が盗まれた。 |
| ⑤ | 得意先より商品の注文を受けた。 | ⑩ | 店員を１名雇い入れた。 |

【解　答】　①③④⑦⑨

## 2 取引二面性の原理

　企業の資産・負債・純資産・収益・費用に増減変化をもたらすものを簿記では取引というが，この取引をよく観察するといずれも「原因」と「結果」の２つの側面をもっていることがわかる。例えば，「銀行から借金をした」という取引で考えると，それは借金をしたということが原因で，現金の増加という結果が生じたのである。その場合，借入金の増加は負債の増加であり，現金の増加は資産の増加を意味している。

　このように全ての取引は二面的に分解され，これを**取引の二面性**という。

　資産・負債・純資産・収益・費用の５項目による取引要素の結合関係の組合せを分類整理してみると，次のような関係になる。

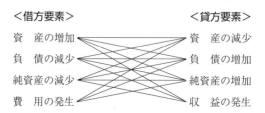

| ＜借方要素＞ | ＜貸方要素＞ |
|---|---|
| 資　産の増加 | 資　産の減少 |
| 負　債の減少 | 負　債の増加 |
| 純資産の減少 | 純資産の増加 |
| 費　用の発生 | 収　益の発生 |

　このように取引は全て**借方要素**と**貸方要素**という左右2つに分類される。借方要素同士（左側と左側）または貸方要素同士（右側と右側）という組み合せは決して起こりえない。また，今までの例では借方要素，貸方要素とも1つしかなかったが，実際の取引はもっと複雑である。つまり，借方要素あるいは貸方要素が2つ以上存在する。この場合も貸借（左右）は同額の関係で結合している。

## 1　借方要素と貸方要素が1つずつのケース

┌─**例題3−2**
│
│　次の取引について，取引要素の結合関係を示しなさい。
│　①　現金￥200,000を元入れ（出資）して開業した。
│　②　本日，銀行から現金￥50,000を借り入れた。
│　③　土地を￥1,000,000で買ったが，代金はまだ支払っていない。
│　④　本月分の家賃￥27,000を現金で受け取った。
│　⑤　店員に給料￥30,000を現金で支払った。
│　⑥　現金￥68,000を預金した。

【解　答】　①　現金（資産）の増加——資本金（純資産）の増加

　　　　　　②　現金（資産）の増加——借入金（負債）の増加

　　　　　　③　土地（資産）の増加——未払金（負債）の増加

　　　　　　④　現金（資産）の増加——受取家賃（収益）の発生

　　　　　　⑤　給料（費用）の発生——現金（資産）の減少

　　　　　　⑥　預金（資産）の増加——現金（資産）の減少

## 2　借方要素あるいは貸方要素のいずれかが複数のケース

┌─**例題3−3**
│
│　次の取引について，取引要素の結合関係を示しなさい。
│　貸付金￥100,000を回収し，利息￥5,000と共に現金で受け取った。

**【解　答】**

現金（資産）の増加　　　　　　貸付金（資産）の減少
　　　　　　　　　　　　　　　　受取利息（収益）の発生

## 3　貸借対照表等式と貸借平均の原理

### 1　貸借対照表等式

　前頁のように簿記上の取引は取引要素により二面的に分解されるが，その理由は既に述べた貸借対照表等式（資産＝負債＋純資産）にある。すなわち，この貸借対照表等式の両辺はどのような取引が生じても常に一致していなければならない。したがって，この等式を成立させるためには，一方で「資産の増加」という「原因」が生ずれば，必ずその結果として「資産の減少」か「負債あるいは純資産の増加」が起こらなければならないのである。

　次に下記の①〜④の取引について，a　取引を取引要素により二面的に分解し，b　貸借対照表等式が成り立つことを見ていくことにする。

①　パソコンを購入し，代金￥250,000を現金で支払った。

　　a　パソコンという資産が増加して，その代わり現金という資産が減少した。それゆえ資産相互間の取引である。

　　b　　　　資産　　　＝　　　負債　　　＋　　　純資産

$$\begin{pmatrix} 資産増 \\ +250,000 \\ 資産減 \\ \triangle 250,000 \end{pmatrix}$$

②　銀行から現金￥700,000を借り入れた。

　　a　現金という資産が増えたが，他方で借入金という負債も増えた。

　　b　　　　資産　　　＝　　　負債　　　＋　　　純資産

$$\begin{pmatrix} 資産増 \\ +700,000 \end{pmatrix} \quad \begin{pmatrix} 負債増 \\ +700,000 \end{pmatrix}$$

③　電車賃を現金で￥380支払った。

　　a　交通費という費用が発生し，それを現金で支払ったのであるから，現金とい

う資産が減少した。なお，費用は純資産の減少をもたらす要因である。

b 　　　　資産　　　＝　　　負債　　　＋　　　純資産

$$\begin{pmatrix} 資産減 \\ \triangle 380 \end{pmatrix} \qquad \begin{pmatrix} 純資産減 \\ （費用発生） \\ \triangle 380 \end{pmatrix}$$

④ 　　顧問先から報酬¥30,000を現金で受け取った。

a 　報酬という収益が発生し，それによって現金という資産も増加した。なお，収益の発生は純資産の増加をもたらす要因である。

b 　　　　資産　　　＝　　　負債　　　＋　　　純資産

$$\begin{pmatrix} 資産増 \\ +30,000 \end{pmatrix} \qquad \begin{pmatrix} 純資産増 \\ （収益発生） \\ +30,000 \end{pmatrix}$$

## 2 　貸借平均の原理（equilibrium principle）

　全ての取引は取引の二面性を有するので，取引は借方・貸方に同一金額で記帳される。したがって，次々と発生する取引は，それがどのような複雑な取引であろうと，借方・貸方に常に相等しい金額で記帳されることになる。このように貸借等しい金額が元帳の各勘定口座に記入されるのであるから，全ての勘定口座について借方金額を合計したものと貸方金額を合計したものとは常に一致する。もし貸借が一致しなければ，計算・記録のどちらかに誤算・誤記・脱漏が存在していることになる。

　複式簿記のこの機能を利用したものが，後述（第1章第5節）の試算表である。

　このように1つの事象を二面的に観察して分解し，両面の照合一致によって正確性を立証することができる自己検証原理を**貸借平均の原理**という。これもまた複式簿記の特徴の1つである。

## 4 　勘定・勘定科目

## 1 　勘　　　定（account；a/c）

　簿記では取引が発生すると，それによって生ずる資産・負債・純資産・収益・費用の増減を整然と記録・計算することが必要になる。この記録・計算の

ために帳簿上に設けられた計算単位を**勘定**という。

## 2　勘定科目（account title）

　資産の増減を記録・計算する場合は，全ての資産を一括して記録するのではなく，資産のそれぞれの性質に応じて名称（下表参照）がつけられる。この名称を**勘定科目**という。勘定科目の名称は，その内容を明瞭に表示するものでなければならない。

## 3　勘定科目の分類

　勘定は資産・負債・純資産・収益・費用の5つのいずれかに属することになる。この5つのうち，(1)資産・負債・純資産に属する勘定が**貸借対照表**を，(2)収益・費用に属する勘定が**損益計算書**を構成する。全ての勘定は貸借対照表に属する勘定と損益計算書に属する勘定のいずれかに分類できるが，さらにこれらは取引の内容を明瞭に示す勘定科目に細分類される。具体的な勘定科目のうち代表的なものを以下に示したが，これは商企業を前提にしている。

| 勘　　　　　定 | | 勘　定　科　目 |
|---|---|---|
| 貸借対照表に属する勘定 | 資産に属する勘定 | 現金・当座預金・受取手形・売掛金・繰越商品・貸付金・未収金・車両運搬具・建物・備品・土地など |
| | 負債に属する勘定 | 支払手形・買掛金・借入金・未払金など |
| | 純資産に属する勘定 | 資本金など |
| 損益計算書に属する勘定 | 収益に属する勘定 | 売上・受取手数料・受取報酬・受取家賃・受取利息・雑収入など |
| | 費用に属する勘定 | 売上原価・仕入・給料・保険料・支払家賃・交通費・通信費・営業費・減価償却費・支払地代・支払利息・有価証券評価損・雑費など |

## 5 勘定口座 (account)

### 1 借方と貸方

　勘定科目ごとにその増減額を記録・計算するために設けた帳簿上の場所を**勘定口座**という。正式な勘定口座は通常，次のような形式をとる。

| （借方） | | | | | ○○勘定 | | | | （貸方） |
|---|---|---|---|---|---|---|---|---|---|
| 月 日 | 摘　要 | 仕丁 | 借　方 | 月 日 | 摘　要 | 仕丁 | 貸　方 |
| | | | | | | | |

　しかし，記帳練習などのためにその都度上記のような勘定を用いていては面倒である。そこで，簿記の学習では次のような略式の勘定口座を使用する。これを**T字形**（Tフォーム，T-account）の**勘定口座**という。

　上記の勘定口座の形式を見てわかるとおり，勘定口座は常に左と右に分割される。左側の部分を**借方**（かりかた）(debit, debtor ; Dr.)，右側の部分を**貸方**（かしかた）(credit, creditor ; Cr.) と呼ぶ。この借方・貸方という用語は勘定口座だけでなく，貸借対照表や損益計算書のような決算書類や帳簿などの左側・右側を示すときにも用いられる。なお，借方・貸方は簿記が発生した初期の頃には意味をもっていたが，今日ではほとんど本来の意味を失っており，単なる符号または約束となっている。

### 2 勘定口座を使用する利点

　勘定口座を利用する場合，例えば，借方に増加を記入したならば，反対側の

貸方には減少を記入する。残高は借方と貸方の差額を計算することによって求められる。

ちなみに，資産の代表である「現金」で説明すると，

a．現金が￥10,000入金されたとき（現金が増加した時）は

現金勘定の借方に￥10,000を記入する。

b．反対に現金￥8,000が支払われたとき（会社の現金が減少した時）は

現金勘定の貸方に￥8,000を記入する。

c．また，最終的に現金がいくら残っているか（残高）は貸方と借方の差額から求めることができ，この場合は￥2,000である。

それを勘定記入すると下記のとおりである。

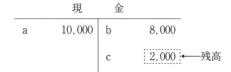

## 6 勘定記入の法則

勘定口座に数字を記入するにあたっては，勘定の右側（貸方）に数字を書くのか左側（借方）に数字を書くのかについて，一定の法則に基づかなくてはならない。

ただし，借方と貸方のどちらを増加とし，どちらを減少とするかは勘定の性質によって異なる。これは次のようにまとめられ，これを**勘定記入の法則**という。

B/S ① 資　産　勘　定……増加は借方へ，減少は貸方へ記入する。

② 負債・純資産勘定……増加は貸方へ，減少は借方へ記入する。

P/L ③ 収　益　勘　定……発生は貸方へ，取消は借方へ記入する。

④ 費　用　勘　定……発生は借方へ，取消は貸方へ記入する。

以上をT字形の勘定口座によって示しておく。

【勘定記入の法則】

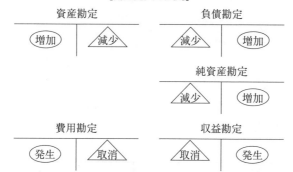

## 7 取引要素の結合関係と勘定記入の関連性

　本節で述べた勘定記入と取引要素の結合関係とは密接に関連している。ここで，(1)取引の発生から(2)勘定記入に至るまでを次の事例を用いて説明する。特に(1)については，①取引の分析（使用する勘定科目の決定と増減の判定）と②勘定記入の法則の適用（借方・貸方のどちらに金額を記入するかの決定）の２つの手順がどのように行われ，勘定記入がなされるかをみることにする。

【事例】　　4月1日　　現金￥100,000を元入れ（出資）して営業を開始。

　　　　　　4月2日　　営業用の机（備品）を現金￥20,000で購入。

　　　　　　4月10日　　銀行から現金￥200,000を借り入れる。

　　　　　　4月15日　　手数料￥360,000を現金で受け取る。

　　　　　　4月25日　　店員に給料￥100,000を現金で支払う。

　(1)　取引の分析①と勘定記入の法則の適用②

　　　　4／1　　①現金（資産）の増加──資本金（純資産）の増加

　　　　　　　　②現金勘定の借方　　──資本金勘定の貸方

　　　　4／2　　①備品（資産）の増加──現金（資産）の減少

　　　　　　　　②備品勘定の借方　　──現金勘定の貸方

4／10　①現金（資産）の増加——借入金（負債）の増加

②現金勘定の借方　　——借入金勘定の貸方

4／15　①現金（資産）の増加——受取手数料（収益）の発生

②現金勘定の借方　　——受取手数料勘定の貸方

4／25　①給料（費用）の発生——現金（資産）の減少

②給料勘定の借方　　——現金勘定の貸方

(2)　勘定への記入

貸借対照表に属する勘定

| 現　　金 | | | | 借　入　金 | | | |
|---|---|---|---|---|---|---|---|
| 4／1 | 100,000 | 4／2 | 20,000 | | | 4／10 | 200,000 |
| 4／10 | 200,000 | 4／25 | 100,000 | | | | |
| 4／15 | 360,000 | | | | | | |

| 備　　品 | | | | 資　本　金 | | | |
|---|---|---|---|---|---|---|---|
| 4／2 | 20,000 | | | | | 4／1 | 100,000 |

損益計算書に属する勘定

| 給　　料 | | | | 受　取　手　数　料 | | | |
|---|---|---|---|---|---|---|---|
| 4／25 | 100,000 | | | | | 4／15 | 360,000 |

　さらにこれらの各勘定について，その残高（貸借の差額）のみを記載すると，次のように貸借対照表と損益計算書の形になる。ここで求められた¥260,000は当期純利益である。

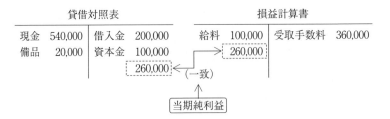

## 8 取引の種類

　取引はいろいろな観点から分類することができるが，企業の財政状態や経営成績にどのような変化を及ぼすかによって，交換取引，損益取引，混合取引の3種類に分類することができる。これは損益が発生するか否かの分類であり，簿記上とくに重要とされている。

1．**交換取引**（exchange transaction）とは，取引の結果が損益に直接関係のない取引をいい，次のように分類することができる。

　①　資産相互間の取引……現金を預金した場合，備品を購入し現金で支払った場合，現金を貸し付けた場合など

　②　資産負債間の取引……現金で借り入れをした場合，借入金を返済した場合，備品の信用購入の場合など

　③　資産純資産間の取引……現金を元入れや引出しをした場合など

　④　負債相互間の取引……債務の借り換えをした場合など

　⑤　負債純資産間の取引……社債の資本金への転換（例：転換社債）など

　⑥　純資産相互間の取引……優先株を普通株へ転換した場合など

　なお，上記取引のうち③⑤⑥を資本取引という。

2．**損益取引**（profit and loss transaction）は，①損失取引（給料，交通費，地代などを支払った場合など），②利益取引（手数料，利息，家賃などを受け取った場合など）に分類される。すなわち，これは取引の全額が費用または収益の発生となる取引をいう。

3．**混合取引**（mixed transaction）とは，交換取引と損益取引とが1つの取引の中で同時に発生する取引をいう。例えば，貸付金の元金を利息とともに現金で受け取った場合などがある。この取引は①貸付金（資産）を現金（資産）で回収したという交換取引と，②受取利息（収益）を現金（資産）で受け取ったという損益取引の2種類の取引が，同時に発生したものとみなすことができる。

28

---

### 例題3－4

　次の取引のうち，交換取引には○，損益取引には×，混合取引に△を（　）の中に記入しなさい。

① 銀行から営業資金を借り入れ，その一部をただちに普通預金として預け入れた。（　）
② 本日，貸し付けてあったお金を利息とともに受け取った。（　）
③ 不動産売買の仲介により手数料を現金で受け取った。（　）
④ 火災により建物を焼失した。（　）
⑤ 通信用の切手を購入し，使用した。（　）

【解　答】

　　① （○）　　② （△）　　③ （×）　　④ （×）　　⑤ （×）

《解　説》　取引の8要素に分解して，その結合関係を示してから解答するとよい。

## 第4節　仕訳と転記

### 1　仕訳と元帳への転記

#### 1　仕　訳（journal entry）

　取引の二面性を帳簿上に表記する時に用いるのが仕訳である。取引の発生から仕訳までのプロセスは次の①→②→③の順序である。

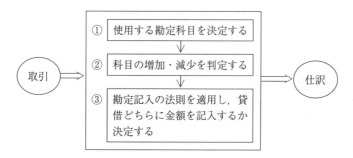

#### 【事例1】

　「パソコン（備品勘定）を購入し，現金¥150,000を支払った」という取引を上の①→②→③の順序で仕訳をしてみよう。

①　備品と現金の2つの勘定科目を用いる。

②　備品（ここではパソコン）を購入したので備品は増加した。現金はパソコンの代金として支払ったために現金は減少した。

③　備品（資産に属する勘定）の増加と，現金（資産に属する勘定）の減少が生じた。備品勘定の借方と現金勘定の貸方に金額を記入。

　（借）備　　　　品　　150,000　　（貸）現　　　　金　　150,000

**【事例2】**

> 「電気料金￥1,000を現金で支払った」という取引を上の①→②→③の順序で仕訳をしてみよう。

① 光熱費と現金の2つの勘定科目を用いる。

② 光熱費（ここでは電気料金）の発生と，現金は支払ったのであるから現金は減少した。

③ 光熱費（費用に属する勘定）の発生と現金（資産に属する勘定）の減少が生じた。光熱費勘定の借方と現金勘定の貸方に金額を記入する。

（借）光　　熱　　費　　　1,000　　（貸）現　　　　　金　　　1,000

## 2 転　　記（posting）

取引を仕訳帳に仕訳したら，次にこれを元帳（総勘定元帳）の勘定口座に記入するが，この手続きを**転記**という。転記の仕方を整理すると次のようになる。

① 仕訳の借方科目については，金額・日付・相手勘定科目を，元帳のその勘定の借方に記入する。

② 仕訳の貸方科目については，金額・日付・相手勘定科目を，元帳のその勘定の貸方に記入する。

いま4月2日にパソコンを購入し，現金￥150,000を支払ったという取引について，その仕訳と元帳への転記を示すと次のようになる。

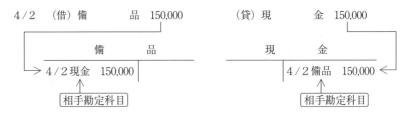

## 2 　仕訳帳と総勘定元帳

### 1　仕　訳　帳（journal）

　仕訳帳とは，全ての取引を取引の発生順に仕訳したものを記録する帳簿である。すなわち，それは取引の歴史的記録を保有する帳簿といえる。仕訳帳の様式には**並立式**（片側金額欄式）と**分割式**（両側金額欄式）があるが，一般には並立式が用いられる。

【並立式】

1

仕　訳　帳

| 令和年 | | 摘　　　　要 | 元丁 | 借　方 | 貸　方 |
|---|---|---|---|---|---|
| 4 | 2 | （備　　　品） | 1 | 150,000 | |
| | | 　　　　　（現　　　金） | 15 | | 150,000 |
| | | パソコンを現金で購入 | | | |

【分割式】

1

仕　訳　帳

| 借　方 | 元丁 | 摘　　　　要 | 元丁 | 貸　方 |
|---|---|---|---|---|
| 150,000 | 1 | （備　　　品）　　（現　　　金） | 15 | 150,000 |
| | | パソコンを現金で購入 | | |

仕訳帳（並立式）の記入法は次のようにまとめられる。

(1) 日付欄：取引発生の年月日を記入する。年は見出行に記入すればよい。月は各ページの初めの取引だけに記入する。あとは月が変わったり，ページが新しくなったときに記入すればよい。日については上の仕訳と同じ日であれば，「〃」マークをつける。

(2) 摘要欄：欄の左半分に借方の勘定科目を，右半分に貸方の勘定科目を記入する。原則として借方の方を上の行に記入する。なお，他の文章と区別するために，勘定科目には（　）を付する。また，借方あるいは貸方の勘定科目が一取引について2つ以上であれば，それらの勘定科目の上に「諸口」と記入する。勘定科目の下には，その取引についての簡単な説明文（小書き）を記入し，最後に各取引の仕訳が完了するごとに**区切線**を引いて他の取引と区別する。

(3) 元丁欄：元丁欄は仕訳を記入した時点では空欄にしておく。仕訳帳に記入された取引（仕訳）は勘定科目ごとに総勘定元帳に転記されるので，転記が完了した時点において転記先の勘定科目の番号または勘定口座のページ数（丁数）を記入する。なぜなら，この欄は転記が完了したか否かのチェック機能を有するからである。

(4) 借方欄・貸方欄：借方欄には仕訳の借方金額を，貸方欄には仕訳の貸方金額をそれぞれ記入する。一取引については必ず借方と貸方の金額合計が一致する。なお，「¥」あるいは「円」の字は省略し，上下の数字の桁を揃える。

(5) ページ：仕訳帳の左上あるいは右上に仕訳帳のページ数を記入する。

## ２　記帳例示

本節のまとめとして，次の事例によってまず仕訳帳に仕訳を記入し，次に，これを総勘定元帳に転記してみよう。

【事例】　営業日誌（藤枝広告代理店）

令和××年4月

1日　前月より下記の資産および負債を引き継ぐ。

　　　　　現　　金　¥700,000　　借入金　¥600,000

　　　　　当座預金　¥900,000

2日　袋井銀行より¥200,000を借り入れ，ただちに当座預金へ預け入れた。

5日　沼津商会より手数料¥900,000を現金で受け取った。

8日　浜松文具店より事務用消耗品¥18,000を現金で購入した。

12日　焼津銀行に借入金¥100,000と利息¥20,000を現金で支払った。

17日　営業費¥500,000を小切手を振り出して支払った。

19日　富士宮保険代理店に保険料¥32,000を現金で支払った。

24日　職員に給料¥300,000を現金で支給した。

26日　掛川商事より手数料¥400,000を現金で受け取り，ただちに当座預金とした。

30日　家主に店舗の家賃¥200,000を小切手を振り出して支払った。

## 仕 訳 帳

| 令和×× 年 | | 摘　　　　要 | 元丁 | 借　　方 | 貸　　方 |
|---|---|---|---|---|---|
| 4 | 1 | 諸　　口　　諸　　口 | | | |
| | | （現　　　金） | 1 | 700,000 | |
| | | （当 座 預 金） | 2 | 900,000 | |
| | | 　　　　　　（借 入 金） | 3 | | 600,000 |
| | | 　　　　　　（資 本 金） | 4 | | 1,000,000 |
| | | 前月より繰り越す | | | |
| | 2 | （当 座 預 金） | 2 | 200,000 | |
| | | 　　　　　　（借 入 金） | 3 | | 200,000 |
| | | 袋井銀行より借り入れ | | | |
| | 5 | （現　　　金） | 1 | 900,000 | |
| | | 　　　　　　（受取手数料） | 5 | | 900,000 |
| | | 沼津商会より手数料受け入れ | | | |
| | 8 | （消 耗 品 費） | 9 | 18,000 | |
| | | 　　　　　　（現　　　金） | 1 | | 18,000 |
| | | 浜松文具店より事務用消耗品購入 | | | |
| | 12 | 諸　　口 | | | |
| | | （借 入 金） | 3 | 100,000 | |
| | | （支 払 利 息） | 11 | 20,000 | |
| | | 　　　　　　（現　　　金） | 1 | | 120,000 |
| | | 焼津銀行へ借入金返済および利息支払い | | | |
| | 17 | （営 業 費） | 8 | 500,000 | |
| | | 　　　　　　（当 座 預 金） | 2 | | 500,000 |
| | | 営業費支払い | | | |
| | 19 | （保 険 料） | 7 | 32,000 | |
| | | 　　　　　　（現　　　金） | 1 | | 32,000 |
| | | 富士宮保険代理店へ保険料支払い | | | |
| | 24 | （給　　　料） | 6 | 300,000 | |
| | | 　　　　　　（現　　　金） | 1 | | 300,000 |
| | | 4月分給料支払い | | | |
| | | 次ページへ繰越 | | 3,670,000 | 3,670,000 |

仕　訳　帳

| 令和<br>××年 | | 摘　　　　　要 | 元丁 | 借　　方 | 貸　　方 |
|---|---|---|---|---|---|
| | | 前ページより繰越 | | 3,670,000 | 3,670,000 |
| 4 | 26 | （当 座 預 金） | 2 | 400,000 | |
| | | 　　　　（受取手数料） | 5 | | 400,000 |
| | | 掛川商事より手数料受け入れ | | | |
| | 30 | （支 払 家 賃） | 10 | 200,000 | |
| | | 　　　　（当 座 預 金） | 2 | | 200,000 |
| | | 家主へ店舗家賃支払い | | | |
| | | | | 4,270,000 | 4,270,000 |

## 3　総勘定元帳 （general ledger；G/L）

　総勘定元帳とは，仕訳帳で仕訳された全ての勘定科目について，勘定計算を行うために各勘定口座を収容した帳簿をいう。

　　総勘定元帳の様式には**標準式**と**残高式**がある。標準式は**Ｔ字形式**とも呼ばれる。次に転記後の元帳の現金勘定を見てみよう。なお，現金の前期繰越高は¥800,000とする。

【**標準式**】

元　　　　　帳

現　　　金　　　　　　　　　　　1

| 令和年 | | 摘　　要 | 仕丁 | 借　　方 | 令和年 | | 摘　　要 | 仕丁 | 貸　　方 |
|---|---|---|---|---|---|---|---|---|---|
| 4 | 1 | 前期繰越 | ✓ | 800,000 | 4 | 2 | 備　品 | 1 | 150,000 |

**【残高式】**

元　　帳

現　　金　　　　　　　　　　　1

| 令和年 | | 摘　要 | 仕丁 | 借　方 | 貸　方 | 借または貸 | 残　高 |
|---|---|---|---|---|---|---|---|
| 4 | 1 | 前期繰越 | ✓ | 800,000 | | 借 | 800,000 |
| | 2 | 備　品 | 1 | | 150,000 | 〃 | 650,000 |
| | | | | | | | |

**（注）** 資産・負債・純資産に属する勘定の前期繰越として開始記入されているものは，仕訳帳とは関係なく，直接元帳の勘定に記入されたものなので，仕丁欄は✓（チェック・マーク）が付されている。

**総勘定元帳（標準式）の記入法**は次のようにまとめられる。

(1) 日付欄：仕訳帳に記された取引日を記入する。

(2) 摘要欄：仕訳の**相手勘定科目**を記入する。つまり，借方勘定科目の相手勘定科目は貸方を見ればよい。なお，相手勘定が2つ以上のときは諸口とする。

(3) 仕丁欄：仕訳帳から転記を行ったときに，仕訳帳のページ数（丁数）を記入する。あとで仕訳帳と照合する際に役立つ。

(4) 借方欄・貸方欄：仕訳帳の金額を移記する。

(5) 番号：勘定科目名の左側あるいは右側に，その勘定科目の番号またはその勘定口座のページを記入する。

## 4　帳簿記帳上の一般的注意事項

帳簿を記入するにあたり一般に気をつけることは，「より正確に」「より明瞭に」「より早く」の3つである。そのためには次のことに注意しなければならない。

(1) けい線は赤色を用いる。見出行の上部，金額欄の左右および締切線は複線，その他は単線とする。

(2)　文字は楷書で明瞭に書く。文字の大きさは行間の３分の２位，数字の大きさは行間の２分の１位とし，下線によせてそろえて書く。

(3)　数字はアラビア数字（算用数字）を用い，明瞭に書く。各位が上から下へまっすぐにそろえて並ぶように書く。これは合計や差引の計算のときに役立つからである。また，円位以上３桁ごとにカンマ（,）で区切り，読みやすくする。ただし，金額欄に位取りのけい線があるときはカンマをつける必要はない。

(4)　余白の行が生じたときは摘要欄に斜線を引く。これを**三角線**という。

(5)　誤記入をした場合には，

　①　文字の誤記入はその文字のみを訂正し，数字の誤記入はその一連の数字全部を訂正する。訂正の仕方は，訂正する部分を赤色の複線を引いて取り消し，その上部に正しい記入をする。これを**見え消し**という。また訂正者はその責任を明瞭にするため捺印（訂正印）を押す。この場合，消ゴムや修正液などを用いたり，貼紙をするなどの行為を決して行わないようにする。

　②　けい線を間違えて引いたときは，そのけい線の両端に赤色で×印をつけて取り消す。

　③　誤記入が多い場合でも，そのページを破ったり切り取ったりしてはならない。

(6)　記帳を簡単にするために次のような記号・略号を用いる。

　　a/c ＝勘定（accountの略）　　　￥＝円　　　@￥＝単価（@はatの略）

　　〃＝上に同じの意味（ditto）　✓＝記帳済み・照合済み・転記不要などを示す（check mark）　＃＝番号，第～号（number）　％＝１／100（percent）

## 総 勘 定 元 帳

### 現　　金　　　　　　　1

| 令和××年 | | 摘　要 | 仕丁 | 金　額 | 令和××年 | | 摘　要 | 仕丁 | 金　額 |
|---|---|---|---|---|---|---|---|---|---|
| 4 | 1 | 前 期 繰 越 | ✓ | 700,000 | 4 | 8 | 消 耗 品 費 | 1 | 18,000 |
|  | 5 | 受取手数料 | 1 | 900,000 |  | 12 | 諸　　　口 | 1 | 120,000 |
|  |  |  |  |  |  | 19 | 保 険 料 | 1 | 32,000 |
|  |  |  |  |  |  | 24 | 給 　　料 | 1 | 300,000 |

### 当 座 預 金　　　　　　2

| 令和××年 | | 摘　要 | 仕丁 | 金　額 | 令和××年 | | 摘　要 | 仕丁 | 金　額 |
|---|---|---|---|---|---|---|---|---|---|
| 4 | 1 | 前 期 繰 越 | ✓ | 900,000 | 4 | 17 | 営 業 費 | 1 | 500,000 |
|  | 2 | 借 入 金 | 1 | 200,000 |  | 30 | 支 払 家 賃 | 2 | 200,000 |
|  | 26 | 受取手数料 | 2 | 400,000 |  |  |  |  |  |

### 借 入 金　　　　　　　3

| 令和××年 | | 摘　要 | 仕丁 | 金　額 | 令和××年 | | 摘　要 | 仕丁 | 金　額 |
|---|---|---|---|---|---|---|---|---|---|
| 4 | 12 | 現 　　金 | 1 | 100,000 | 4 | 1 | 前 期 繰 越 | ✓ | 600,000 |
|  |  |  |  |  |  | 2 | 当 座 預 金 | 1 | 200,000 |

### 資 本 金　　　　　　　4

| 令和××年 | | 摘　要 | 仕丁 | 金　額 | 令和××年 | | 摘　要 | 仕丁 | 金　額 |
|---|---|---|---|---|---|---|---|---|---|
|  |  |  |  |  | 4 | 1 | 前 期 繰 越 | ✓ | 1,000,000 |

### 受 取 手 数 料　　　　　5

| 令和××年 | | 摘　要 | 仕丁 | 金　額 | 令和××年 | | 摘　要 | 仕丁 | 金　額 |
|---|---|---|---|---|---|---|---|---|---|
|  |  |  |  |  | 4 | 5 | 現 　　金 | 1 | 900,000 |
|  |  |  |  |  |  | 26 | 当 座 預 金 | 2 | 400,000 |

### 給 　　料　　　　　　　6

| 令和××年 | | 摘　要 | 仕丁 | 金　額 | 令和××年 | | 摘　要 | 仕丁 | 金　額 |
|---|---|---|---|---|---|---|---|---|---|
| 4 | 24 | 現 　　金 | 1 | 300,000 |  |  |  |  |  |

### 保 険 料　　　　　　　7

| 令和××年 | | 摘　要 | 仕丁 | 金　額 | 令和××年 | | 摘　要 | 仕丁 | 金　額 |
|---|---|---|---|---|---|---|---|---|---|
| 4 | 19 | 現 　　金 | 1 | 32,000 |  |  |  |  |  |

営　業　費　　　　　　　　8

| 令和××年 | | 摘　要 | 仕丁 | 金　額 | 令和××年 | | 摘　要 | 仕丁 | 金　額 |
|---|---|---|---|---|---|---|---|---|---|
| 4 | 17 | 当座預金 | 1 | 500,000 | | | | | |

消　耗　品　費　　　　　　　9

| 令和××年 | | 摘　要 | 仕丁 | 金　額 | 令和××年 | | 摘　要 | 仕丁 | 金　額 |
|---|---|---|---|---|---|---|---|---|---|
| 4 | 8 | 現　金 | 1 | 18,000 | | | | | |

支　払　家　賃　　　　　　　10

| 令和××年 | | 摘　要 | 仕丁 | 金　額 | 令和××年 | | 摘　要 | 仕丁 | 金　額 |
|---|---|---|---|---|---|---|---|---|---|
| 4 | 30 | 当座預金 | 2 | 200,000 | | | | | |

支　払　利　息　　　　　　　11

| 令和××年 | | 摘　要 | 仕丁 | 金　額 | 令和××年 | | 摘　要 | 仕丁 | 金　額 |
|---|---|---|---|---|---|---|---|---|---|
| 4 | 12 | 現　金 | 1 | 20,000 | | | | | |

## 3 　帳簿の種類と記帳

### 1　帳簿と記帳

　これまでの説明から，企業における会計処理は次のような順序によって行われる。

$$取　引 \longrightarrow 仕　訳 \xrightarrow{\text{（転記）}} 勘定記入 \longrightarrow 試算表 \begin{cases} \longrightarrow 貸借対照表 \\ \longrightarrow 損益計算書 \end{cases}$$

［仕訳帳］　　［総勘定元帳］

　企業は日々発生する取引を整然と秩序を保ちつつ組織的に記録・計算することによって，初めて財政状態や経営成績を把握することが出来る。そこで，仕訳や勘定記入に必要な記録・集計をするために，**帳簿**（account book）を使用し，その帳簿に記録することを**記帳**（record）という。

　企業は経営上いくつかの帳簿を用いる必要はあるが，帳簿の種類・様式など

は，その企業の業種・規模・取引などの性質あるいは量などによって決定される。会計を円滑に進めるためには，各帳簿間に有機的なつながりが必要となり，帳簿全体として統一されるように組織が作られる。この組織を**帳簿組織**という。本項では帳簿についての基本的事項を述べる。

## 2　帳簿の種類

　取引を記録する目的あるいは帳簿組織の観点から，帳簿は**主要簿**（main books, principal books）と**補助簿**（auxiliary books, subsidiary books）に分けられる。

### (1) 主 要 簿

　主要簿とは，簿記上の記録や計算に用いられる帳簿のうち，複式簿記の機構上欠くことのできないもので，これには**仕訳帳**と**総勘定元帳**（略称：元帳）がある。

　(1)仕訳帳は各取引についての仕訳を取引順に記録する帳簿である。(2)総勘定元帳は全ての勘定科目についての勘定口座を集録した帳簿であり，仕訳帳の内容，つまり仕訳が総勘定元帳の各勘定口座へ移記（転記）される。以上の関係を先の図に組み込むと次のようになる。

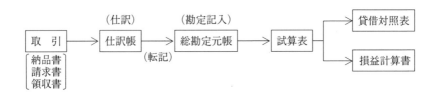

### (2) 補 助 簿

　補助簿は特定の重要な取引について，主要簿における記録の不足を補う帳簿である。これはさらに**補助記入帳**（subsidiary registers）と**補助元帳**（subsidiary ledgers）に分けられる。

　(1)　補助記入帳は，特定種類の取引について，その発生順にその明細を記録する帳簿であり，現金出納帳・仕入帳・売上帳・受取手形記入帳・支払手形記入帳等がある。

(2)　補助元帳とは，同種の勘定が多数存する場合，その個々の勘定を一般の
　　元帳とは別個に開設するために設けられた特殊な元帳であり，売掛金元
　　帳・買掛金元帳（売掛金や買掛金について，取引先ごとの内訳を記録する帳簿）・
　　商品有高帳（商品ごとに受入れや払出し高を記録する帳簿）等がある。
　商企業において一般に使用される帳簿は以下のように示される。

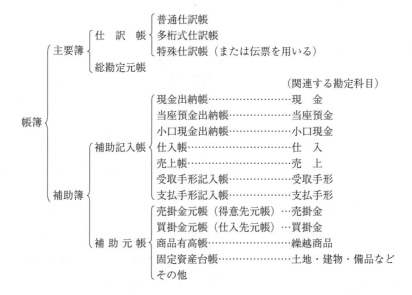

　複式簿記を採用する場合は，最低限度は主要簿があれば可能である。しかし，
企業経営の状態を十分把握するには，それ以外の補助簿が必要となる。
　補助簿は，どの程度まで必要かは事業内容や企業規模等によって左右される。
例えば，手形による取引が多い場合には受取手形記入帳・支払手形記入帳が，
掛取引が多い場合には売掛金元帳・買掛金元帳を備えた方がよいであろう。

## 第**5**節 試 算 表

### 1 試算表の意義と貸借平均の原理

　簿記上の取引について行われる仕訳は，常に貸借の金額が一致している。したがって，仕訳帳から総勘定元帳への転記が行われた場合，元帳の全ての勘定口座の借方金額の合計と貸方金額の合計とは必ず一致する。（下図参照）

　この勘定記入に存する借方と貸方の均衡関係を，貸借平均の原理という。もし仕訳帳から元帳への記入に誤りがあった場合には，その合計金額にも当然に誤りが生ずる。

　**試算表**（trial balance；T/B）とは，貸借平均の原理を利用して，仕訳帳から総勘定元帳への転記が正しく行われたかどうかという転記の正否を検算する目的で，元帳の全ての勘定口座の「借方と貸方の各合計」もしくは「借方貸方の差引残高」を集めて作成される表である。したがって，試算表は元帳への転記が済んだ後にその正否を検証する手段であるから，決算のときだけに作成されるわけではなく，取引量の多少により毎日・毎週・毎月等適当な期間ごとに作成される。

　試算表による検証の原理を図示すると次のようになる。

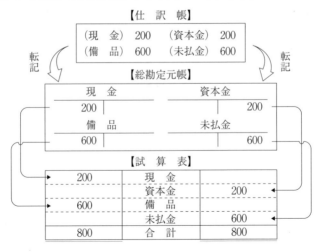

## 2 試算表の種類

試算表は，その形式上から分類すると次の3種類になる。

### 1　合計試算表（trial balance of totals）

総勘定元帳の各勘定口座の借方合計額と貸方合計額を，そのまま試算表の借方および貸方金額として集計・作成する試算表である。したがって，試算表は元帳の借方記入と貸方記入の正確性を検証するうえですぐれている。

### 2　残高試算表（trial balance of balances）

総勘定元帳の各勘定口座の貸借差引残高のみを集計・作成する試算表である。したがって，この試算表の各勘定には，借方か貸方のどちらかの金額しか記載されないことになる。これは精算表を作成する時の出発点となる数値である。

### 3　合計残高試算表（trial balance of totals and balances）

合計残高試算表とは，合計試算表と残高試算表の両方を一緒に記載できるように1つにまとめた試算表である。

---

**例題5－1**

　総勘定元帳における次の記録をもとにして，合計残高試算表・合計試算表・残高試算表を作成しなさい。

| 現　　金　1 | | 普通預金　2 | | 備　　品　3 | | 借　入　金　4 | |
|---|---|---|---|---|---|---|---|
| 450,000 | 301,000 | 300,000 | 42,000 | 100,000 | | 40,000 | 200,000 |
| 670,000 | 49,000 | | 80,000 | 70,000 | | | |
| | 180,000 | | | | | | |
| | 69,000 | | | | | | |

| 未　払　金　5 | | 資　本　金　6 | | 受取報酬　7 | | 給　　料　8 | |
|---|---|---|---|---|---|---|---|
| | 70,000 | | 250,000 | | 300,000 | 100,000 | |
| | | | | | 670,000 | 180,000 | |

| 支払利息　9 | | 交　通　費　10 | | 消耗品費　11 | | 支払家賃　12 | |
|---|---|---|---|---|---|---|---|
| 1,000 | | 30,000 | | 20,000 | | 50,000 | |
| 2,000 | | 69,000 | | 49,000 | | 80,000 | |

**【解　答】**

合計残高試算表

令和××年12月31日

| 借　方 | | 元丁 | 勘定科目 | 貸　方 | |
|---|---|---|---|---|---|
| 残　高 | 合　計 | | | 合　計 | 残　高 |
| 521,000 | 1,120,000 | 1 | 現　　金 | 599,000 | |
| 178,000 | 300,000 | 2 | 普通預金 | 122,000 | |
| 170,000 | 170,000 | 3 | 備　　品 | | |
| | 40,000 | 4 | 借 入 金 | 200,000 | 160,000 |
| | | 5 | 未 払 金 | 70,000 | 70,000 |
| | | 6 | 資 本 金 | 250,000 | 250,000 |
| | | 7 | 受 取 報 酬 | 970,000 | 970,000 |
| 280,000 | 280,000 | 8 | 給　　料 | | |
| 3,000 | 3,000 | 9 | 支 払 利 息 | | |
| 99,000 | 99,000 | 10 | 交 通 費 | | |
| 69,000 | 69,000 | 11 | 消 耗 品 費 | | |
| 130,000 | 130,000 | 12 | 支 払 家 賃 | | |
| 1,450,000 | 2,211,000 | | | 2,211,000 | 1,450,000 |
| Ⓑ | Ⓐ | | | Ⓐ | Ⓑ |

合計試算表

令和××年12月31日

| 借　方 | 元丁 | 勘定科目 | 貸　方 |
|---|---|---|---|
| 1,120,000 | 1 | 現　　金 | 599,000 |
| 300,000 | 2 | 普通預金 | 122,000 |
| 170,000 | 3 | 備　　品 | |
| 40,000 | 4 | 借 入 金 | 200,000 |
| | 5 | 未 払 金 | 70,000 |
| | 6 | 資 本 金 | 250,000 |
| | 7 | 受 取 報 酬 | 970,000 |
| 280,000 | 8 | 給　　料 | |
| 3,000 | 9 | 支 払 利 息 | |
| 99,000 | 10 | 交 通 費 | |
| 69,000 | 11 | 消 耗 品 費 | |
| 130,000 | 12 | 支 払 家 賃 | |
| 2,211,000 | | | 2,211,000 |
| Ⓐ | | | Ⓐ |

残高試算表

令和××年12月31日

| 借　方 | 元丁 | 勘定科目 | 貸　方 |
|---|---|---|---|
| 521,000 | 1 | 現　　金 | |
| 178,000 | 2 | 普通預金 | |
| 170,000 | 3 | 備　　品 | |
| | 4 | 借 入 金 | 160,000 |
| | 5 | 未 払 金 | 70,000 |
| | 6 | 資 本 金 | 250,000 |
| | 7 | 受 取 報 酬 | 970,000 |
| 280,000 | 8 | 給　　料 | |
| 3,000 | 9 | 支 払 利 息 | |
| 99,000 | 10 | 交 通 費 | |
| 69,000 | 11 | 消 耗 品 費 | |
| 130,000 | 12 | 支 払 家 賃 | |
| 1,450,000 | | | 1,450,000 |
| Ⓑ | | | Ⓑ |

## 3　合計不一致の誤謬捜査法

　試算表の借方・貸方の各合計額は，複式簿記の貸借平均の原理により必ず一致する。それゆえ不一致の場合，どこかに誤りがあることを示している。

　次に，不一致の発生原因と誤謬原因発見の方法を見ていくことにする。

(1)　不一致の発生原因

　①　仕訳帳から元帳への転記の際の誤謬

　　仕訳帳から元帳へ転記する際に，勘定に二重記入したり，金額を誤って異なった金額を記載した場合などに発生する。なお，仕訳そのものに誤りがある場合も考えられる。

　②　試算表作成時，元帳から各勘定口座の金額を試算表に記入する際の誤謬

　　(イ)　試算表には元帳の全ての勘定口座の金額を記入すべきであるが，そのうちのいくつかを記入漏れした場合

　　(ロ)　試算表の貸借を誤って記入した場合

　　(ハ)　試算表に記入する金額を誤った場合

　③　計算上の誤謬

　　(イ)　元帳の各勘定口座の合計金額あるいは残高金額の計算の誤り

　　(ロ)　試算表の借方・貸方の合計金額の計算の誤り

(2)　誤謬原因発見の方法

　①　試算表の貸借合計を計算し直して再確認する。

　②　試算表の貸借不一致の差額が偶数のときは，その差額を 2 で割った金額を調べる。なぜならば，その金額を貸借反対に転記している可能性があるからである。

　③　不一致の差額を 9 で割る。 9 で割り切れるときは，その商に等しい金額またはその10倍の金額を調べる。位取りを間違えて転記している可能性があるからである。例えば，不一致の数4,320を 9 で割ると480になる。そこで¥4,800を¥480と間違えていないかどうかを調べるのである。

④ 不一致の差額が9で割り切れ，その商からゼロを除いて残りが1から
　9までのときには，2つの数字の転倒が多い。例えば，不一致の数が
　4,500のとき，9で割ると500になる。ゼロを除くと5になるので，百と
　千の位で数字の差が5の金額を調べればよい。¥7,200を¥2,700と転倒
　して記入した場合などがそれにあたる。

⑤ 不一致の差額が1桁のときには，仕訳帳の1桁の数について突き合わ
　せる。

⑥ 試算表の各金額を元帳へ逆に突き合わせる。

⑦ 元帳の借方・貸方の合計および差引残高を計算し直す。

⑧ 元帳から仕訳帳へと逆に突き合わせる。

## 4 試算表の限界

　試算表の貸借の合計額が不一致の場合はさまざまな誤謬の発見法があるが，
実は貸借の合計額が一致したとしても，転記の誤謬が全くないとはいい難い。
貸借平均の原理を破らない誤謬は，試算表では発見できないからである。ここ
に試算表の限界がある。このような場合をまとめると次のようになる。

(1) 勘定口座を間違えて転記した場合：例えば，現金勘定の借方に転記すべ
　きなのに，普通預金勘定の借方に転記した場合，現金も普通預金もいずれ
　も資産であるから，試算表の貸借の合計額は一致してしまう。

(2) 貸借反対に転記した場合：例えば，現金勘定の借方と貸付金勘定の貸方
　に転記すべきなのに，現金勘定の貸方と貸付金勘定の借方に転記した場合，
　やはり試算表の貸借合計は一致してしまう。

(3) 仕訳の勘定科目や金額を間違えた場合：例えば，借方を備品ではなく建
　物とした場合や，金額を¥70,000とすべきなのに貸借とも¥700,000とし
　た場合や，偶然に貸借とも¥10,000の転記漏れを起こした場合が相当する。

(4) 1つの取引の仕訳を全く行わなかったり，二重に仕訳を行ってしまった
　場合

## 第**6**節 ｜ 6桁精算表

　決算予備手続きが終わると次に決算本手続きに入るが，決算手続きのうち試算表（残高試算表），決算整理，損益計算書および貸借対照表までを1つの表にまとめたものが**精算表**である。

　精算表を作成することにより，決算本手続きに先だって決算の大体の見通しをつけることができ，かつ企業の経営成績と財政状態の大まかな全体像をあらかじめ一覧できるというメリットが得られる。また，精算表は決算本手続きを正確に行うためにも利用される。

　精算表は形式上，6桁式・8桁式・10桁式に分類される。ここでは最も単純な6桁精算表を説明する。

　**6桁精算表**（six-column work sheet）は次の順序により作成される。

(1)　作成日を明記する。

(2)　期末の残高試算表の金額を精算表の試算表欄に移記し，合計を検算する。

(3)　費用および収益に属する勘定の金額を，損益計算書欄へそのまま平行移動する。資産・負債・純資産に属する勘定の金額を，貸借対照表へ平行移動する。

(4)　損益計算書欄と貸借対照表欄のそれぞれの借方・貸方の差額（貸借差額）を計算して当期純損益を算出し，両者の相反する側において金額が一致することを確かめる。つまり，当期純利益の場合には，損益計算書欄の借方と貸借対照表欄の貸方に同じ金額（当期純利益）が算出される。当期純損失の場合は正反対になる。

　なお，当期純利益（純損失）の字については，損益計算書欄の当期純利益（損失）額は赤字で記入する。これに対して，貸借対照表欄の当期純利益（損失）額は赤字記入しない。その理由は，当期純利益は当期の純資産の純増加分であり純資産の一部を構成しているからである。

次に残高試算表から6桁精算表ができあがるまでのプロセスをみることにす

48

る。

---

**例題6－1**

次の6桁精算表を完成しなさい。

〔費用〕〔収益〕〔資産〕〔負債・純資産〕

## 精　算　表
### 令和××年12月31日

| 勘定科目 | 元丁 | 残高試算表 借方 | 残高試算表 貸方 | 損益計算書 借方 | 損益計算書 貸方 | 貸借対照表 借方 | 貸借対照表 貸方 |
|---|---|---|---|---|---|---|---|
| 現　　　金 | 1 | 1,130,000 | | | | | |
| 当座預金 | 2 | 800,000 | | | | | |
| 借　入　金 | 3 | | 700,000 | | | | |
| 資　本　金 | 4 | | 1,000,000 | | | | |
| 受取手数料 | 5 | | 1,300,000 | | | | |
| 給　　　料 | 6 | 300,000 | | | | | |
| 保　険　料 | 7 | 32,000 | | | | | |
| 営　業　費 | 8 | 500,000 | | | | | |
| 消 耗 品 費 | 9 | 18,000 | | | | | |
| 支 払 家 賃 | 10 | 200,000 | | | | | |
| 支 払 利 息 | 11 | 20,000 | | | | | |
| | | 3,000,000 | 3,000,000 | | | | |
| （当期純利益） | | | | | | | |

**(注)** （　）内は赤字記入を示す。

期末資本金 ☐

【解　答】

|  |  |  | 費用 | 収益 | 資産 | 負債・純資産 |
|---|---|---|---|---|---|---|

精　算　表

令和××年12月31日

| 勘定科目 | 元丁 | 残 高 試 算 表 借 方 | 残 高 試 算 表 貸 方 | 損 益 計 算 書 借 方 | 損 益 計 算 書 貸 方 | 貸 借 対 照 表 借 方 | 貸 借 対 照 表 貸 方 |
|---|---|---|---|---|---|---|---|
| 現　　　　金 | 1 | 1,130,000 |  |  |  | 1,130,000 |  |
| 当 座 預 金 | 2 | 800,000 |  |  |  | 800,000 |  |
| 借　入　金 | 3 |  | 700,000 |  |  |  | 700,000 |
| 資　本　金 | 4 |  | 1,000,000 |  |  |  | 1,000,000 |
| 受 取 手 数 料 | 5 |  | 1,300,000 |  | 1,300,000 |  |  |
| 給　　　料 | 6 | 300,000 |  | 300,000 |  |  |  |
| 保　険　料 | 7 | 32,000 |  | 32,000 |  |  |  |
| 営　業　費 | 8 | 500,000 |  | 500,000 |  |  |  |
| 消 耗 品 費 | 9 | 18,000 |  | 18,000 |  |  |  |
| 支 払 家 賃 | 10 | 200,000 |  | 200,000 |  |  |  |
| 支 払 利 息 | 11 | 20,000 |  | 20,000 |  |  |  |
|  |  | 3,000,000 | 3,000,000 |  |  |  |  |
| （当期純利益） |  |  |  | (230,000) | ←　一　致　→ |  | 230,000 |
|  |  |  |  | 1,300,000 | 1,300,000 | 1,930,000 | 1,930,000 |

(注)　( )内は赤字記入を示す。

期末資本金　¥1,230,000

＝期首資本金¥1,000,000＋当期純利益¥230,000

　この精算表の構造（仕組み）を図解すると次のようになり，複式簿記の原理が理解される。

【精算表の構造図】

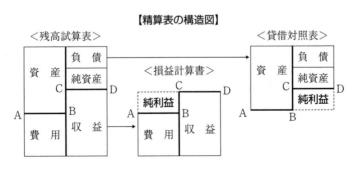

　すなわち精算表の構造は，残高試算表における資産＋費用＝負債＋純資産＋収益という等式を，①〔費用＋当期純利益＝収益〕という損益計算書等式と，②〔資産＝負債＋純資産〕という貸借対照表等式とに分解することに他ならない。

　前頁の図で明らかなように，精算表では，残高試算表をＡＢＣＤを結ぶ線に沿って上下の２つの部分（貸借対照表と損益計算書）に切り離すことによって初めて当期純利益を求めることができる。なお，残高試算表だけでは当期純利益（純損失）を求めることはできない。

---

**例題６－２**

　東京コンサルタント事務所の残高試算表は下記のとおりである。①６桁精算表を作成し，②期末資本金の金額を求めなさい。

精　算　表

令和××年12月31日

| 勘定科目 | 元丁 | 残高試算表 借方 | 残高試算表 貸方 | 損益計算書 借方 | 損益計算書 貸方 | 貸借対照表 借方 | 貸借対照表 貸方 |
|---|---|---|---|---|---|---|---|
| 現　　　　金 | 1 | 521,000 | | | | | |
| 普 通 預 金 | 2 | 178,000 | | | | | |
| 備　　　　品 | 3 | 170,000 | | | | | |
| 借　入　金 | 4 | | 160,000 | | | | |
| 未　払　金 | 5 | | 70,000 | | | | |
| 資　本　金 | 6 | | 250,000 | | | | |
| 受 取 報 酬 | 7 | | 970,000 | | | | |
| 給　　　料 | 8 | 280,000 | | | | | |
| 支 払 利 息 | 9 | 3,000 | | | | | |
| 交　通　費 | 10 | 99,000 | | | | | |
| 消 耗 品 費 | 11 | 69,000 | | | | | |
| 支 払 家 賃 | 12 | 130,000 | | | | | |
| | | 1,450,000 | 1,450,000 | | | | |
| （当期純利益） | | | | | | | |

【解　答】

①　6桁精算表

### 精　算　表
#### 令和××年12月31日

| 勘 定 科 目 | 元丁 | 残 高 試 算 表 | | 損 益 計 算 書 | | 貸 借 対 照 表 | |
|---|---|---|---|---|---|---|---|
| | | 借　方 | 貸　方 | 借　方 | 貸　方 | 借　方 | 貸　方 |
| 現　　　　金 | 1 | 521,000 | | | | 521,000 | |
| 普 通 預 金 | 2 | 178,000 | | | | 178,000 | |
| 備　　　　品 | 3 | 170,000 | | | | 170,000 | |
| 借　入　金 | 4 | | 160,000 | | | | 160,000 |
| 未　払　金 | 5 | | 70,000 | | | | 70,000 |
| 資　本　金 | 6 | | 250,000 | | | | 250,000 |
| 受 取 報 酬 | 7 | | 970,000 | | 970,000 | | |
| 給　　　料 | 8 | 280,000 | | 280,000 | | | |
| 支 払 利 息 | 9 | 3,000 | | 3,000 | | | |
| 交　通　費 | 10 | 99,000 | | 99,000 | | | |
| 消 耗 品 費 | 11 | 69,000 | | 69,000 | | | |
| 支 払 家 賃 | 12 | 130,000 | | 130,000 | | | |
| | | 1,450,000 | 1,450,000 | | | | |
| (当期純利益) | | | | (389,000) | | | 389,000 |
| | | | | 970,000 | 970,000 | 869,000 | 869,000 |

(注)　（　）内は赤字記入を示す。

②　期末資本金＝期首資本金（¥250,000）＋当期純利益（¥389,000）
　　　　　　　＝¥639,000

## 第**7**節 決 算（その1）

### 1 決算の意義

#### 1 決算と決算日

　簿記では，日々の取引を仕訳し元帳に転記して各勘定の増減を記録計算する。一会計期間が終わるとその期間（例：1月1日〜12月31日）についての経営成績を確定し，かつ期末（例：12月31日）における財政状態を把握する必要がある。この目的を達成するために，全ての帳簿記録を整理し，全ての帳簿を締め切り，損益計算書と貸借対照表を作成する。この手続きを**決算**といい，会計期間の末日すなわち期末を**決算日**という。

　わが国の会社法および税法は少なくとも1年に1回は定期的に決算を行うことを要求しているため，主要企業は1年に1回決算を行いつつ，少なくとも半年ごとに中間配当を行っている。また，個人企業では所得税法の都合上，12月末日を決算日としている。

**【簿記の循環図式】**

決算にはこのほか，会計年度に直接関係なく廃業の際に行う閉鎖決算，不定期に会社の合併・清算・組織変更などの場合に行う臨時決算，月単位に行う月次決算などがあるが，期末および閉鎖時に行う確定決算以外のものを仮決算（provisional settlement of accounts）という。

## 2　決算と貸借対照表

企業は期首貸借対照表から出発して，日々の取引を記録・計算し，決算を経て会計期間の経営成績を表わす損益計算書と，期末の財政状態を示す期末貸借対照表を作成する。この期末貸借対照表は，翌期首の貸借対照表となる（前ページ図参照）。それゆえ貸借対照表は，ある会計期間と次の会計期間をつなぐ連結環の役割を果たしているといえる。

## 2 振　替（transfer）

## 1　振替の意義

決算においては，実際取引以外に，ある勘定口座の金額を別の勘定口座に移し替えることが多く行われる。この手続きを**振替**といい，振替に必要な仕訳を**振替仕訳**という。

## 2　振替仕訳の記帳

例えば，次の図のようにA勘定の借方にある￥80,000を，全てB勘定の借方に振り替えてみよう。いま，A勘定には既に借方に￥80,000が記入されている。まず(1)A勘定の貸方に￥80,000を記入して，A勘定残高を差し引きゼロにする。(2)それからB勘定の借方に￥80,000を記入すればよい。この場合の振替仕訳と元帳記入は下記のとおりである。(3)この結果，A勘定にあった￥80,000はなくなり全てB勘定へ移ったことになる。

（借）　　B　　勘　　定　80,000　　　　（借）　　A　　勘　　定　80,000

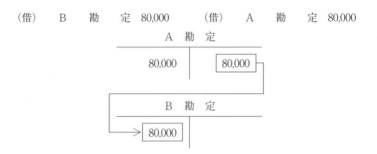

---

**例題 7 - 1**

次の仕訳を示しなさい。

仮払金として処理していた¥5,000は，旅費であることが判明した。よって旅費に振り替えることとした。

---

【解　答】

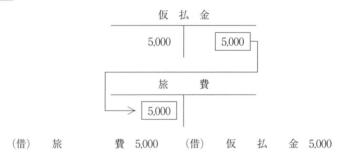

（借）　　旅　　　　費　5,000　　　　（借）　　仮　　払　　金　5,000

---

## 3　決算振替記入（period-end closing entries）

### 1　損益勘定

決算にあたっては企業の損益を計算しなくてはならない。そのためには，元帳における，収益に属する勘定と費用に属する勘定を，全て1か所に集計し，両者を比較することによって損益を計算する必要がある。決算時において収益と費用を集計し損益を計算するために設けられる勘定を損益勘定という。この

勘定の内容は，損益計算書とおおむね一致する。


## 2　決算振替仕訳

　決算振替仕訳は，企業の営業活動にともなう取引を処理するための仕訳ではない。それは決算の必要から，一定の金額を，ある勘定から他の勘定に移し替えるための仕訳であり，次の2つの段階から成り立っている。

(1)　まず第1段階として，収益・費用に属する各勘定残高を損益勘定（損益集合勘定，income summary a/c）へ振り替える。これにより損益勘定において当期純損益の計算を行うことができる。すなわち，損益勘定の貸借差額として当期純損益が計算される。

---

①　各収益勘定を損益勘定の貸方に振り替える。

　　　（借）各 収 益 勘 定　×××　　（貸）損　　　　益　×××

②　各費用勘定を損益勘定の借方に振り替える。

　　　（借）損　　　　益　×××　　（貸）各 費 用 勘 定　×××

---

(2)　第2段階では，損益勘定で計算された当期純利益を資本金勘定に振り替える。a．当期純利益の場合は資本金の純増加額となるので，これを資本金勘定の貸方に振り替える。b．逆に当期純損失の場合は，これを資本金勘定の借方に振り替える。

---

③　当期純損益（損益勘定の貸借差額）を資本金勘定へ振り替える。

　a．当期純利益の場合…（借）損　　　　益　×××　（貸）資 本 金　×××

　b．当期純損失の場合…（借）資 本 金　×××　（貸）損　　　　益　×××

---

　以上の一連の決算振替記入を当期純利益の場合について図示すれば，次のとおりである。

56

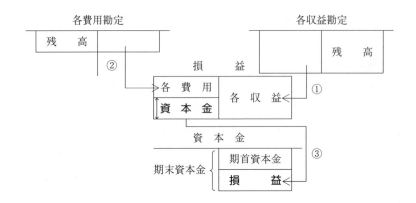

各費用勘定　　　　　　　　　　　各収益勘定

残　高　　　　　　　　　　　　　　　　　　　残　高

②

損　　　　　益

各　費　用　　各　収　益　　①
資　本　金

資　本　金

期末資本金　　期首資本金　　③
　　　　　　　損　　　　益

---

### 例題7－2

次の取引について決算振替仕訳を示しなさい。

　　　　売　上　¥300,000　　仕　入　¥200,000
　　　　給　料　¥ 50,000　　雑　費　¥ 20,000

決算に際して次の諸勘定の残高のうち,

① 収益に属する勘定を損益勘定に振り替える仕訳
② 費用に属する勘定を損益勘定に振り替える仕訳
③ 損益勘定の残高を資本金勘定に振り替える仕訳

---

【解　答】

① （借）売　　　　上　300,000　　（貸）損　　　　益　300,000

② （借）損　　　　益　270,000　　（貸）仕　　　　入　200,000

　　　　　　　　　　　　　　　　　　　給　　　　料　 50,000

　　　　　　　　　　　　　　　　　　　雑　　　　費　 20,000

③ （借）損　　　　益　 30,000　　（貸）資　本　金　 30,000

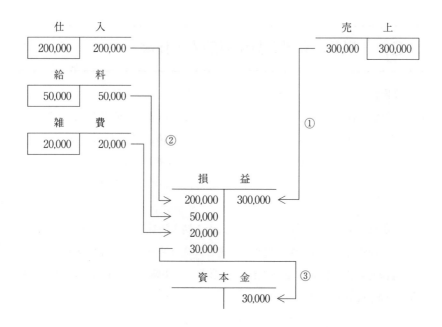

## 第8節 損益計算書と貸借対照表の作成

　決算振替記入が完了すると，総勘定元帳の各勘定口座の締め切りが行われ，資産・負債・純資産の各勘定については残高を次期に繰り越すので，各勘定の繰越高が正しく記入されたかを確かめるために**繰越試算表**（post-closing trial balance）を作成する。決算本手続きの最後には元帳以外の帳簿（仕訳帳や補助簿）の締め切りが行われる。ここまでのことについては第3章で詳しく説明する。

　さて決算本手続きの終了後，それらに引き続き決算報告手続きが行われる。ここでは経営成績を表示する損益計算書と，会計期末における財政状態を表示する貸借対照表を作成する。これらを総括して**決算報告書**あるいは**財務諸表**（financial statements；F/S）という。

　損益計算書は一会計期間（例：1月1日～12月31日）の経営成績を明らかにするために作成されるものである。その内容は収益の明細を示すとともに，その収益を獲得するために犠牲となった費用の明細を表し，どのようにして利益が獲得されたのかという純利益発生の原因と計算過程を明らかにしている。その作成の資料となるものは費用・収益の諸勘定，損益勘定である。

　貸借対照表は一定時点（例：12月31日現在）における企業の資産・負債および純資産を表示した財政状態を示す表であり，通常は決算時に作成される。その作成の資料となるものは資産・負債・純資産の諸勘定，繰越試算表および精算表である。なお，純資産の表示方法としては，期首の資本金と当期の純損益を区分して表示する方法をとっている。また，期首の資本金と当期純利益を加算したものは，期末資本金（純資産）である。

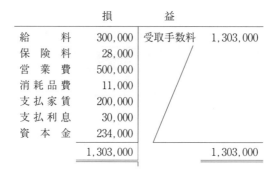

損　　　　益

| | | | |
|---|---|---|---|
| 給　　　料 | 300,000 | 受取手数料 | 1,303,000 |
| 保　険　料 | 28,000 | | |
| 営　業　費 | 500,000 | | |
| 消　耗　品　費 | 11,000 | | |
| 支　払　家　賃 | 200,000 | | |
| 支　払　利　息 | 30,000 | | |
| 資　本　金 | 234,000 | | |
| | 1,303,000 | | 1,303,000 |

損 益 計 算 書

令和××年1月1日～令和××年12月31日

| 費　　　　用 | 金　　　額 | 収　　　益 | 金　　　額 |
|---|---|---|---|
| 給　　　料 | 300,000 | 受取手数料 | 1,303,000 |
| 保　険　料 | 28,000 | | |
| 営　業　費 | 500,000 | | |
| 消　耗　品　費 | 11,000 | | |
| 支　払　家　賃 | 200,000 | | |
| 支　払　利　息 | 30,000 | | |
| (当期純利益) | (234,000) | | |
| | 1,303,000 | | 1,303,000 |

**(注)**　（　）内は赤字記入を示す。

繰 越 試 算 表

| 借　　　方 | 勘定科目 | 元丁 | 貸　　　方 |
|---|---|---|---|
| 1,130,000 | 現　　　金 | 1 | |
| 800,000 | 当　座　預　金 | 2 | |
| 7,000 | 消　耗　品 | 15 | |
| 4,000 | 前払保険料 | 12 | |
| 3,000 | 未収手数料 | 14 | |
| | 借　入　金 | 3 | 700,000 |
| | 未　払　利　息 | 13 | 10,000 |
| | 資　本　金 | 4 | 1,234,000 |
| 1,944,000 | | | 1,944,000 |

貸 借 対 照 表

令和××年12月31日

| 費　　　用 | 金　　額 | 負債・純資産 | 金　　額 |
|---|---|---|---|
| 現　　　　金 | 1,130,000 | 借　入　金 | 700,000 |
| 当 座 預 金 | 800,000 | 未 払 利 息 | 10,000 |
| 消　耗　品 | 7,000 | 資　本　金 | 1,000,000 |
| 前 払 保 険 料 | 4,000 | 当 期 純 利 益 | 234,000 |
| 未 収 手 数 料 | 3,000 |  |  |
|  | 1,944,000 |  | 1,944,000 |

}期末資本金

期末資本金　￥1,234,000

＝期首資本金￥1,000,000＋当期純利益￥234,000

## 1 簿記上の現金（cash）と現金出納帳

簿記で現金として取り扱われるものは，「通貨」（紙幣・硬貨）のほかに，いつでも現金にかえられる他人振出しの小切手，送金小切手，郵便為替証書，公社債の満期利札，配当金領収書（支払期限到来分）等の「通貨代用証券」がある。特に小切手は受け取った日から数日以内に現金が入手できる利点があり，現金の代用物として取引に多く用いられている。

簿記上の「現金」
- 1．通貨（紙幣・硬貨）
- 2．通貨代用証券
  - 他人振出しの小切手
  - 送金小切手
  - 支払期日の到来した公社債の利札
  - 配当金領収証

---

**例題1－1**

次の取引について仕訳を示しなさい。
① 田町商店から売掛金￥10,000を回収するにあたり，同店振出しの小切手で受け取った。……他人振出しの小切手
② 当店が保有する公社債の利札￥15,000の支払期日が到来した。
③ 当店が保有する株式について，配当金領収証￥50,000が送付されてきた。

---

**【解　答】**

① （借）現　　　　金　　10,000　　（貸）売　　掛　　金　　10,000
② （借）現　　　　金　　15,000　　（貸）有価証券利息　　15,000

③　(借) 現　　　　金　　50,000　　(貸) 受 取 配 当 金　　50,000

　現金勘定の補助簿として現金出納帳がある。現金出納帳は現金の収入・支出を記録することにより，現金管理を助ける働きをしている。

　現金出納帳の記入例を示すと以下のとおりである。

| 取引先名，取引内容を記入する |
|---|

| 現金の受取高 | 現金の支払高 |
|---|---|

### 現 金 出 納 帳

| 令和○年 | | 摘　　　　　要 | 収　入 | 支　出 | 残　高 | |
|---|---|---|---|---|---|---|
| 10 | 1 | 前月繰越 | 100,000 | | 100,000 | |
| | 6 | 沼津商店から売掛金回収　現金受取り | 150,000 | | 250,000 | |
| | 11 | 静岡商店から商品仕入れ　現金払い | | 70,000 | 180,000 | |
| | 20 | 浜松商店に商品売上げ　小切手受取り | 200,000 | | 380,000 | |
| | 25 | 三島商店に買掛金支払い | | 120,000 | 260,000 | |
| | 31 | **次月繰越** | | **260,000** | | ← 最終残高を支出欄に記入する |
| | | | 450,000 | 450,000 | | |
| 11 | 1 | 前月繰越 | 260,000 | | 260,000 | |

## 2 現金過不足 （cash overage / shortage）

　現金の実際有高と帳簿残高とが一致しない場合には，それが記帳漏れまたは計算違いによるものか，あるいは不正のために発生したかを調査し，次のように処理する。

(1)　不一致が判明した時には，(ア)現金の帳簿残高を修正（加算・減算）して実際有高に一致させる必要がある。(イ)それとともに実際有高と帳簿残高との差額は，**現金過不足勘定**で処理しておく。

(2)　不一致の原因を調査した結果，過不足の原因が判明したならば，現金過不足勘定から該当する勘定に振り替える。

(3)　期末になってもなお原因が不明の場合には，(ア)現金過不足勘定の借方残

高は，雑損あるいは雑損失勘定（費用の勘定）へ振り替え，(イ)現金過不足勘定の貸方残高は，雑益あるいは雑収入勘定（収益の勘定）に振り替える。

## 1　帳簿残高が実際有高よりも多いケース

**例題1－2**

次の各取引について仕訳を示しなさい。(実際有高＜帳簿残高)

① 現金の実際有高を調査したところ，¥42,500であった。帳簿残高は，¥45,000である。

② 上記不足の現金のうち¥2,000は，交通費の支払いの記帳漏れであることが判明した。

③ 現金の不足額¥500は，期末に至っても使途が不明であり，雑損勘定に振り替えた。

【解　答】

① （借）現 金 過 不 足　　2,500　　（貸）現　　　　　金　　2,500

② （借）交　通　費　　2,000　　（貸）現 金 過 不 足　　2,000

③ （借）雑　　　損　　500　　（貸）現 金 過 不 足　　500

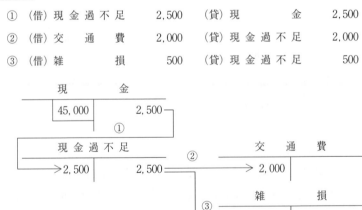

## 2 帳簿残高が実際有高よりも少ないケース

**例題1-3**

次の各取引について仕訳を示しなさい。(実際有高＞帳簿残高)
① 現金の実際有高を調査したところ，帳簿残高より，¥5,000過剰であることが発見された。
② 上記過剰額のうち¥4,500は家賃受取額の記入漏れであることが判明した。
③ 現金の過剰額¥500は，期末に至っても原因は不明であった。

【解　答】

| | | | | | | |
|---|---|---|---|---|---|---|
| ① | (借) 現　　　　金 | 5,000 | (貸) 現 金 過 不 足 | 5,000 |
| ② | (借) 現 金 過 不 足 | 4,500 | (貸) 受 取 家 賃 | 4,500 |
| ③ | (借) 現 金 過 不 足 | 500 | (貸) 雑　　　　益 | 500 |

## 3 当座預金と当座預金出納帳

### 1 当座預金の意義

　当座預金（checking accounts）は，預金者が銀行と当座預金取引契約を結ぶことによって成立する無利息の預金である。当座預金を引き出して支払いに当てる場合には，銀行から前もって受け取った小切手帳に必要額を記入し，それを振り出して，引出しを銀行に依頼する。

### 2 当座預金の会計処理

　当座預金の会計処理に関しては，(1)小切手を振り出した時には，当座預金勘定の貸方に記入し，(2)他人振出しの小切手を受け入れた時は，現金の受取りとして処理するが，その小切手を直ちに当座預金に預け入れた場合は，当座預金勘定の借方に記入する。

| 1 | 小切手の振出し | | ( 　　　 ) ×× | (当座預金) ×× |
|---|---|---|---|---|
| 2 | 他人振出し小切手の受取り | 小切手を受け取る | (現　　金) ×× | ( 　　　 ) ×× |
| | | 当座預金に預ける | (当座預金) ×× | ( 　　　 ) ×× |

（注）　小切手を振り出すには，金融機関と当座勘定取引契約を結び，金融機関から
統一小切手用紙のつづられた小切手帳を受け取ることがスタートで，その見本
は上のようなものである。

---

**例題１－４**

次の各取引について仕訳を示しなさい。
① SSU銀行と当座預金取引契約を結び，現金￥500,000を当座預金に預け入れ
た。
② 新宿商店から商品￥200,000を仕入れ，代金は小切手を振り出して支払った。
③ 上野商店へ商品￥400,000を販売し，代金は同店振出しの小切手で受け取った。
④ 青山商店へ商品￥400,000を販売し，代金は同店振出しの小切手で受け取り，
ただちに当座預金に預け入れた。

**【解　答】**

| | | | | | | |
|---|---|---|---|---|---|---|
| ① | （借）当 座 預 金 | 500,000 | （貸）現　　　　金 | 500,000 |
| ② | （借）仕　　　　入 | 200,000 | （貸）当 座 預 金 | 200,000 |
| ③ | （借）現　　　　金 | 400,000 | （貸）売　　　　上 | 400,000 |
| ④ | （借）当 座 預 金 | 400,000 | （貸）売　　　　上 | 400,000 |

当座預金勘定の補助簿として当座預金出納帳がある。当座預金出納帳は当座
預金の預入れと引出しを記録することによって，当座預金の管理を助ける働き

をしている。

振り出した
小切手番号
を記入

当座預金出納帳

西北銀行 ⇐ 取引銀行名

| 令和○年 | | 摘　　　　　　　要 | 預　入 | 引　出 | 借・貸 | 残　高 |
|---|---|---|---|---|---|---|
| 6 | 1 | 前月繰越 | 200,000 | | 借 | 200,000 |
| | 5 | 本月分家賃支払い　　　小切手＃1 | | 70,000 | 〃 | 130,000 |
| | 10 | 磐田商店より売掛金回収 | 400,000 | | 〃 | 530,000 |
| | 17 | 藤枝商店に買掛金支払　小切手＃2 | | 300,000 | 〃 | 230,000 |
| | 20 | 事務用品購入　　　　　小切手＃3 | | 80,000 | 〃 | 150,000 |
| | 30 | 次月繰越 | | 150,000 | | |
| | | | 600,000 | 600,000 | | |
| 7 | 1 | 前月繰越 | 150,000 | | 借 | 150,000 |

最終残高
を引出欄
に記入

## 4 当 座 借 越 (bank overdraft)

### 1 当座借越の意義

小切手を振り出すことは当座預金の減少を意味する。したがって，小切手の振出しは，当座預金残高の範囲内でのみ可能である。しかし，あらかじめ銀行との間に**当座借越契約**を締結しておけば，借越限度額の範囲内であれば預金残高を超過した場合でも銀行が一時的に立替払いをしてくれるので小切手の振出しは可能となる。その預金残高を超過した部分を当座借越といい，それは銀行からの一時的な借入れを意味する。当座借越は，貸借対照表上では「短期借入金」として表示する。

### 2 当座預金勘定と当座借越勘定

当座借越の処理方法は，(1)当座借越勘定を設けないで**当座預金勘定**（資産・負債両方の性質をもつ勘定）のみで処理する方法（一勘定制）と，(2)当座預金勘定（資産の勘定）と**当座借越勘定**（負債の勘定）を設ける方法（二勘定制）とがある。

当座借越の
処理
　　{ 1. 一勘定制……当座預金勘定のみ使用
　　　2. 二勘定制……当座預金勘定と当座借越勘定を使用

一勘定制と二勘定制の長所・短所は次のとおりである。

(1) 一勘定制は，会計処理は極めて簡単であるが，各時点において銀行から
の借越し金額が区別して表示されないので，わかりにくいという難点があ
る。

(2) これに対して二勘定制は，銀行から借り越している金額が明確にわかる
点が長所であるが，手数がかかるという点が短所である。

---

**例題1－5**

次の各取引について一勘定制と二勘定制で仕訳を示しなさい。

① SSU銀行と当座取引を開始し，現金￥250,000を当座預金に預け入れた。な
お，同銀行と当座借越契約を結び，有価証券を担保に差し入れた。借越限度額
は，￥100,000である。

② 横浜商店に対する買掛金￥290,000を小切手を振り出して支払った。

③ 神奈川商店に商品を￥150,000で売り渡し，代金は同店振出しの小切手で受
け取り，ただちに当座預金に預け入れた。

---

**【解　答】**

(1) 一 勘 定 制

① （借）当 座 預 金　250,000　（貸）現　　　　　金　250,000

② （借）買　　掛　　金　290,000　（貸）当 座 預 金　290,000

③ （借）当 座 預 金　150,000　（貸）売　　　　　上　150,000

(2) 二 勘 定 制

① （借）当 座 預 金　250,000　（貸）現　　　　　金　250,000

② （借）買　　掛　　金　290,000　（貸）当 座 預 金　250,000

　　　　　　　　　　　　　　　　　　　当 座 借 越　 40,000

③ （借）当 座 借 越　 40,000　（貸）売　　　　　上　150,000

　　　　当 座 預 金　110,000

## 5 小口現金 (petty cash) と小口現金出納帳

### 1 小口現金の意義

　現金の受渡し・保管は計算の手数がかかり，盗難その他の危険が発生しやすい。そのため，銀行の当座預金勘定を利用して，出納事務を銀行に任せる場合が多い。この結果，大口の収支は小切手をもって行い，小口の収支は現金をもって行うことになる。この現金を小口現金といい，小口現金勘定で処理する。

### 2 定額資金前渡制度（インプレストシステム）と小口現金出納帳

　そこで，小口現金の支払を円滑にするために，小口現金係（小払資金係・用度係）に一定額を前渡ししておき，定期的にその支払額の明細書（小口現金支払明細書）の報告を受けて，支払額に相当する金額を補給する方法がとられる。支払額と同額が補給される結果，補給後は再びもとの一定額に戻ることになる。これを**定額資金前渡制度**（インプレストシステム）という。

　定額資金前渡制度を採用する場合，小口現金の出納に関する記録を行う帳簿を**小口現金出納帳**という。この記帳処理にあたっては，①月末に小口現金係が会計課に報告し，そのあとで直ちに会計課が小口現金を補給する**月末補給制**と，②月末に小口現金係が会計課に報告するが，会計課が同日には補給せず翌月初めに補給する**月初補給制**とがある。

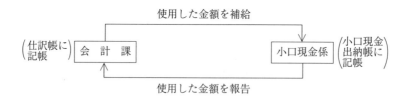

**例題１－６**

次の各取引について仕訳を示しなさい。
① 　４月１日から小払資金についてインプレストシステムを実施することになり，会計課は小口現金係に，小払資金限度額￥15,000を小切手を振り出して渡した。
② 　４月末に小口現金係より下記の支払報告を受けた。
　　旅費交通費￥1,500　通信費￥800　消耗品費￥5,900　雑費￥400
③ 　４月末日，会計課は，小口現金係に対して支払額を小切手で補給した。

【解　答】

① （借）小 口 現 金　　　15,000　　（貸）当 座 預 金　　　15,000
② （借）旅 費 交 通 費　　　1,500　　（貸）小 口 現 金　　　8,600
　　　　通 　信 　費　　　　 800
　　　　消 耗 品 費　　　 5,900
　　　　雑 　　　費　　　　 400
③ （借）小 口 現 金　　　 8,600　　（貸）当 座 預 金　　　 8,600

　なお，支払報告と補給が同じ日の場合には，上記②と③の仕訳をまとめて次のように処理することもできる。

　　　（借）旅 費 交 通 費　　　1,500　　（貸）当 座 預 金　　　8,600
　　　　　　通 　信 　費　　　　 800
　　　　　　消 耗 品 費　　　 5,900
　　　　　　雑 　　　費　　　　 400

　この例題で，小口現金出納帳の月末補給制と月初補給制との記帳例を示すと次のようになる。

**【月末補給制】**

小口現金出納帳

| 受　入 | 日　付 | | 摘　　要 | 支　払 | 内　　　訳 | | | |
|---|---|---|---|---|---|---|---|---|
| | | | | | 旅　費<br>交通費 | 消耗品費 | 通信費 | 雑　費 |
| 15,000 | 4 | 1 | 小切手受取 | | | | | |
| | | 3 | 文 房 具 代 | 3,000 | | 3,000 | | |
| | | 5 | 郵便切手代 | 500 | | | 500 | |
| | | 11 | 電車回数券 | 1,000 | 1,000 | | | |
| | | 15 | ハ ガ キ 代 | 300 | | | 300 | |
| | | 18 | 文 房 具 代 | 2,900 | | 2,900 | | |
| | | 23 | お 茶 代 | 400 | | | | 400 |
| | | 29 | バ ス 代 | 500 | 500 | | | |
| | | 30 | 合　　計 | 8,600 | 1,500 | 5,900 | 800 | 400 |
| 8,600 | | 〃 | 補 給 受 入 | | | | | |
| | | (30) | (次 月 繰 越) | (15,000) | | | | |
| 23,600 | | | | 23,600 | | | | |
| 15,000 | 5 | 1 | 前 月 繰 越 | | | | | |

**【月初補給制】**

小口現金出納帳

| 受　入 | 日　付 | | 摘　　要 | 支　払 | 内　　　訳 | | | |
|---|---|---|---|---|---|---|---|---|
| | | | | | 旅　費<br>交通費 | 消耗品費 | 通信費 | 雑　費 |
| 15,000 | 4 | 1 | 小切手受取 | | （月中取引記入省略） | | | |
| | | 30 | 合　　計 | 8,600 | 1,500 | 5,900 | 800 | 400 |
| | | (30) | (次 月 繰 越) | (6,400) | | | | |
| 15,000 | | | | 15,000 | | | | |
| 6,400 | 5 | 1 | 前 月 繰 越 | | | | | |
| 8,600 | | 〃 | 補 給 受 入 | | | | | |

**(注)** （　）内は赤字記入を示す。

## 6　銀行勘定調整表

　会社の当座預金出納帳の残高と，取引銀行から取り寄せた当座預金の残高証明書の金額とが一致しない場合に，その不一致の原因を明らかにしなければならない。そのために会社の側で作成されるものが銀行勘定調整表である。

### 1　銀行勘定調整表の作成法

　銀行勘定調整表の作成方法には次の3種類がある。

(1) 会社の当座預金出納帳の残高と銀行の残高証明書の残高の両方を，修正残高に合わせるように調整する方法

(2) 会社の当座預金出納帳の残高を，銀行の残高証明書の残高に合わせるように調整する方法

(3) 銀行の残高証明書の残高を，会社の当座預金出納帳の残高に合わせるように調整する方法

　なお，訂正仕訳を確実に行うためには，(1)の方法が優れている。

### 2　銀行と会社の残高の不一致の原因

　残高の不一致の原因としては，計算ミスと会社と銀行の会計処理におけるタイムラグの2つに大別される。

(1) 銀行と会社とのいずれかの計算違いによる場合

(2) 銀行と会社とのいずれかの取引の未記入による場合，これには次の4つの場合がある。

① 会社が入金記帳済みで，銀行未記入

② 銀行が入金記帳済みで，会社未記入

③ 会社が出金記帳済みで，銀行未記入

④ 銀行が出金記帳済みで，会社未記入

---

**例題 1 − 7**

　決算日における当座預金出納帳の残高は¥578,000であり，銀行残高証明書の当座預金残高は¥1,281,600であった。不一致の原因を調査したところ，次のことが判明したので，3種類の銀行勘定調整表を完成し，貸借対照表に記載する金額を示しなさい。

①　振出小切手で銀行未払¥350,000がある。

②　買掛金支払のために振り出した小切手¥200,000が，未渡しである。

③　ガス料金の引落し¥56,400が，当方未記帳である。

④　得意先より売掛金¥300,000につき当座振込があったが，当方未記帳である。

⑤　売掛金回収として預け入れた小切手¥340,000が，帳簿上の記入を¥430,000とされていた。

---

（全経簿記検定1級　第105回）

【解　答】

| 貸借対照表に記載する金額 | ￥931,600 |
|---|---|

(1) 　　　　　　　　　銀 行 勘 定 調 整 表

| | | | | |
|---|---|---|---|---|
| 当社当期預金出納帳残高 | | 578,000 | 銀行残高証明書金額 | 1,281,600 |
| （加算） | | | （加算） | |
| 振出小切手未渡 | 200,000 | | ― | ― |
| 得意先当座振込 | 300,000 | 500,000 | | |
| （減算） | | | （減算） | |
| ガ ス 料 金 引 落 | 56,400 | | 振出小切手未取付 350,000 | 350,000 |
| 預入小切手誤記入 | 90,000 | 146,400 | | |
| 修正残高 | | 931,600 | 修正残高 | 931,600 |

(2) 　　　　　　　　　銀 行 勘 定 調 整 表

| | | | |
|---|---|---|---|
| 当社当座預金出納帳残高 | | | 578,000 |
| （加　算） | | | |
| ① | 振 出 小 切 手 未 取 付 | 350,000 | |
| ② | 振 出 小 切 手 未 渡 | 200,000 | |
| ④ | 得 意 先 当 座 振 込 | 300,000 | 850,000 |
| （減　算） | | | |
| ③ | ガ ス 料 金 引 落 | 56,400 | |
| ⑤ | 預 入 小 切 手 誤 記 入 | 90,000 | 146,400 |
| 銀 行 残 高 証 明 書 金 額 | | | 1,281,600 |

(3) 　　　　　　　　　銀 行 勘 定 調 整 表

| | | |
|---|---|---|
| 銀 行 残 高 証 明 書 金 額 | | ￥1,281,600 |
| （加　算） | | |
| ガ ス 料 金 引 落 | 56,400 | |
| 預 入 小 切 手 誤 記 入 | 90,000 | 146,400 |
| （減　算） | | |
| 振 出 小 切 手 未 取 付 | 350,000 | |
| 振 出 小 切 手 未 渡 | 200,000 | |
| 得 意 先 当 座 振 込 | 300,000 | 850,000 |
| 当社当座預金出納帳残高 | | 578,000 |

## 第**2**節 | 商品売買と記帳処理

### 1 3分法による記帳

　商品売買に関する取引を会計処理するにあたって最も広く採用されている方法が，いわゆる3分（割）法である。これは，商品に関連する取引を，**繰越商品**（資産の勘定），**仕入**（費用の勘定），**売上**（収益の勘定）という3つの勘定を用いて記帳処理する方法である。

### 1　繰 越 商 品（inventories）

　繰越商品勘定は，資産の勘定である。この勘定は，前期からの繰越商品（期首商品棚卸高）と，次期への繰越商品（期末商品棚卸高）とを記帳する勘定である。この勘定は，期中取引では増減が生じない。

### 2　仕　　　入（purchases）

(1) 　商品を仕入れた場合には，仕入原価を仕入勘定（費用の勘定）の借方に記帳する。このほかに，商品の仕入れに際し，引取運賃や保険料などの付随費用（仕入諸掛という）が生じた場合は，これも仕入原価に算入する。

(2) 　品違いなどのために仕入れた商品を問屋に返品する場合（仕入戻し）や，品質不良などのため値引きをしてもらう場合（仕入値引）には，仕入勘定の貸方に記帳する。

(3) 　この場合には，仕入勘定の借方合計は総仕入高を示し，借方残高は純仕入高を示すことになる。

## 3　売　　上（sales）

(1)　商品を販売した場合には，その販売金額を売上勘定（収益の勘定）の貸方に記帳する。

(2)　品違いなどのために販売した商品が販売先から返品された場合（売上戻り）や，値引きを承諾した場合（売上値引）には，売上勘定の借方に記帳する。

(3)　売上勘定の貸方合計は総売上高を示し，貸方残高は純売上高を示すことになる。

以上の3つの勘定を図示すると次のようになる。

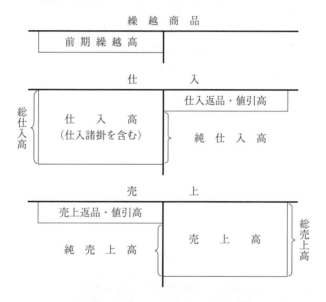

## 2　仕入諸掛と売上諸掛

仕入や売上には，それに付随して諸費用が発生する。例えば，仕入にともなう引取費用や，売上に際しての運送料などがそれである。これらを仕入諸掛（しょがかり）・売上諸掛という。なお，これらの付随費用は，当店が負担する場合と，相手方が負担する場合とに大別される。

$$\begin{array}{l}
\text{発送費用}\begin{cases}
① \text{ 仕入に係る}\\\text{引取費用}
\end{cases}\begin{cases}
\text{当店負担}\cdots\cdots\boxed{\text{仕 入}}\text{（費用の勘定）}\\
\text{相手方負担}\cdots\cdots\boxed{\text{立替金}}\text{（資産の勘定）}
\end{cases}\\
② \text{ 販売に係る}\\\text{引取費用}\begin{cases}
\text{当店負担}\cdots\cdots\boxed{\text{発送費}}\text{（費用の勘定）}\\
\text{相手方負担}\cdots\cdots\boxed{\text{立替金}}\text{ または }\boxed{\text{売掛金}}\text{（資産の勘定）}
\end{cases}
\end{array}$$

引取費用 発送費用

## 1 仕入・仕入諸掛に関する取引

**例題2－1**

【仕入に関する仕訳】

次の各取引について仕訳を示しなさい。

① 商品￥30,000を仕入れ，代金は掛とした。

② 上記商品のうち￥800について品違いのため問屋に返品した。

③ 上記商品について￥300の値引きを受けた。

【解 答】

① （借）仕 入 30,000 （貸）買 掛 金 30,000

② （借）買 掛 金 800 （貸）仕 入 800

③ （借）買 掛 金 300 （貸）仕 入 300

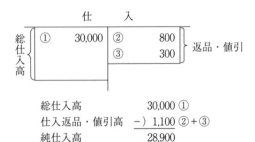

| | 総仕入高 | 30,000 ① |
|---|---|---|
| | 仕入返品・値引高 | －）1,100 ②＋③ |
| | 純仕入高 | 28,900 |

### 例題2−2

【仕入諸掛に関する仕訳】

次の各取引について仕訳を示しなさい。

① 商品￥50,000を仕入れ，代金は掛とした。

② 商品￥50,000を仕入れ，代金は掛とした。引取費用￥300は現金で支払った。（当店負担）

③ 商品￥50,000を仕入れ，代金は掛とした。なお，引取費用￥300は相手方負担であるが，当店が現金で立替え払いした。（相手方負担）

【解　答】

| | | | | | | | | |
|---|---|---|---|---|---|---|---|---|
| ① | （借）仕 | 入 | 50,000 | （貸）買 | 掛 | 金 | 50,000 |
| ② | （借）仕 | 入 | 50,300 | （貸）買 | 掛 | 金 | 50,000 |
| | | | | 現 | | 金 | 300 |
| ③ | （借）仕 | 入 | 50,000 | （貸）買 | 掛 | 金 | 50,000 |
| | 立 替 金 | | 300 | 現 | | 金 | 300 |

## 2　売上・売上諸掛に関する取引

### 例題2−3

【売上に関する仕訳】

次の各取引について仕訳を示しなさい。

① 商品￥30,000を販売し，代金は掛とした。

② 上記商品のうち￥800相当が品違いのため得意先から返品された。

③ 上記商品について￥300の値引きをした。

【解　答】

| | | | | | | | | |
|---|---|---|---|---|---|---|---|---|
| ① | （借）売 | 掛 | 金 | 30,000 | （貸）売 | 上 | 30,000 |
| ② | （借）売 | 上 | | 800 | （貸）売 | 掛 | 金 | 800 |
| ③ | （借）売 | 上 | | 300 | （貸）売 | 掛 | 金 | 300 |

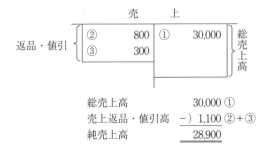

| | 総売上高 | 30,000 ① |
| --- | --- | --- |
| | 売上返品・値引高 | －) 1,100 ②＋③ |
| | 純売上高 | 28,900 |

---

**例題2－4**

【売上諸掛に関する仕訳】

次の各取引について仕訳を示しなさい。

① 商品￥50,000を販売し，代金は掛とした。

② 商品￥50,000を販売し，代金は掛とした。発送費￥800は現金で支払った。（当店負担）

③ 商品￥50,000を販売し，代金は掛とした。発送費￥800は相手方負担であるが，当店が現金で立替え払いした。（相手方負担）

【解　答】

| | | | | | | | | |
| --- | --- | --- | --- | --- | --- | --- | --- | --- |
| ① | (借) 売 | 掛 | 金 | 50,000 | (貸) 売 | | 上 | 50,000 |
| ② | (借) 売 | 掛 | 金 | 50,000 | (貸) 売 | | 上 | 50,000 |
| | 発 | 送 | 費 | 800 | 現 | | 金 | 800 |
| ③ | (借) 売 | 掛 | 金 | 50,800 | (貸) 売 | | 上 | 50,000 |
| | | | | | 現 | | 金 | 800 |

> **Column　商品とはどのようなものか？**
>
> 　商品とは企業が販売目的で保有している財貨であり，その形態は業種によって異なっている。ふつう，商品というと，デパートやコンビニ等で販売しているような小さくて金額も低い品物を連想することが多い。
>
> 　これに対して自動車販売店にある「自動車」，不動産業者やマンション業者が販売目的で保有している「土地」や「マンション」等は，形が大きく金額も高価であるが，これらも販売を目的としているので「商品」であり「流動資産」に分類される。

## 3　3分法による売上原価と売上総利益の計算

### 1　売上総利益の計算

　商品を販売することによって，どのくらいの利益が得られたかは，下の式のように商品の「純売上高」（総売上高－売上値引・戻り高）から，「売上原価」（販売した品物の仕入原価）を差し引くことによって計算することができる。ここで求められる利益を「売上総利益」という。

**純売上高－売上原価＝売上総利益**

　この「売上総利益」から，会社の諸費用（給料・販売費・広告料・支払家賃・支払利息等）を差し引くことによって，最終的に「当期純利益」が求められる。

　なお，売上総利益を求めるにあたって，純売上高の計算は，売上勘定で容易に計算できる。それに対して，売上原価は計算がやや複雑であるが，極めて重要なものである。

### 2　売上原価の計算

　売上原価とは，販売した商品の原価（仕入原価）のことをいう。

　(1)いま当期に仕入れた商品が，期末までに全て販売された場合には，仕入高がイコール売上原価となる。(2)しかし，通常は期末に売れ残り（期末商品棚卸高）が生じることが多い。また，前年から繰り越されてきた商品（期首商品棚卸

高）もある。そこで，売上原価は次の式で求められる。

売上原価＝期首商品棚卸高＋当期純仕入高−期末商品棚卸高

**（注）** 当期純仕入高＝総仕入高−仕入値引・戻し高

### 3　売上原価の会計処理

　3分法では，商品売買に関する取引を，繰越商品・仕入・売上の3つの勘定で処理する。そこでは売上原価を直接計算する売上原価という勘定科目はない。そのため，売上原価を算定する処理方法として次の2つがある。

(1)　仕入勘定で売上原価を計算する方法

(2)　売上原価勘定を設けて，そこで売上原価を計算する方法

　ただし，帳簿上では，次の仕訳を行うことにより，仕入勘定または売上原価勘定において，自動的に売上原価を計算することができる。

---

(1)　仕入勘定で売上原価を計算するための仕訳

①　期首商品棚卸高を繰越商品勘定から仕入勘定に振り替える仕訳

（借）仕　　　　　入　×××　　（貸）繰 越 商 品　×××

②　期末商品棚卸高を仕入勘定から繰越商品勘定に振り替える仕訳

（借）繰 越 商 品　×××　　（貸）仕　　　　　入　×××

---

(2)　売上原価勘定で売上原価を計算するための仕訳

①　期首商品棚卸高を繰越商品勘定から売上原価勘定に振り替える仕訳

（借）売 上 原 価　×××　　（貸）繰 越 商 品　×××

②　当期仕入高を仕入勘定から売上原価勘定に振り替える仕訳

（借）売 上 原 価　×××　　（貸）仕　　　　　入　×××

③　期末商品棚卸高を売上原価勘定から繰越商品勘定に振り替える仕訳

（借）繰 越 商 品　×××　　（貸）売 上 原 価　×××

**例題２－５**

　次の各勘定から売上原価算定のための仕訳を示し，各勘定に転記しなさい。なお，売上原価の算定にあたっては，(1)仕入勘定を用いる方法と(2)売上原価勘定を用いる方法の２つの方法について示しなさい。

　ただし，期末商品棚卸高は￥45,000である。

```
          繰 越 商 品
      68,000 |
```

```
          仕        入
     159,000 |
```

**【解　答】**

(1)　仕入勘定で売上原価を計算する方法

　　①　（借）仕　　　　　　入　　68,000　　（貸）繰　越　商　品　　68,000

　　②　（借）繰　越　商　品　　45,000　　（貸）仕　　　　　　入　　45,000

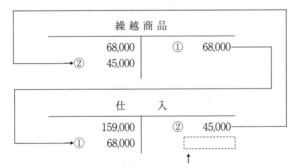

売上原価￥182,000

　この取引を精算表に記入すると次のようになる。

精　算　表

| 勘定科目 | 残高試算表 | | 修　正　記　入 | | 損益計算書 | | 貸借対照表 | |
|---|---|---|---|---|---|---|---|---|
| | 借方 | 貸方 | 借方 | 貸方 | 借方 | 貸方 | 借方 | 貸方 |
| 繰越商品 | 68,000 | | ②45,000 | ①68,000 | | | 45,000 | |
| 仕　　入 | 159,000 | | ①68,000 | ②45,000 | 182,000 | | | |

(注)　売上原価

**(注)**　P/Lの￥182,000は仕入の行に書いてあるが，それは売上原価を意味している。
　　　159,000＋68,000－45,000＝182,000

⑵　売上原価勘定で売上原価を計算する方法

① （借）売　上　原　価　　　68,000　　（貸）繰　越　商　品　　　68,000

② （借）売　上　原　価　　 159,000　　（貸）仕　　　　　入　　 159,000

③ （借）繰　越　商　品　　　45,000　　（貸）売　上　原　価　　　45,000

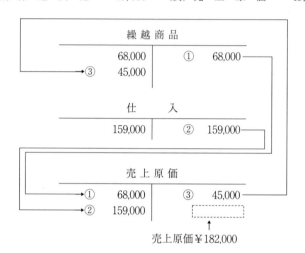

売上原価￥182,000

　この取引を精算表に記入すると次のようになる。

精　算　表

| 勘定科目 | 残高試算表 | | 修　正　記　入 | | 損益計算書 | | 貸借対照表 | |
|---|---|---|---|---|---|---|---|---|
| | 借方 | 貸方 | 借方 | 貸方 | 借方 | 貸方 | 借方 | 貸方 |
| 繰越商品 | 68,000 | | ③ 45,000 | ① 68,000 | | | 45,000 | |
| 仕　　入 | 159,000 | | | ②159,000 | | | | |
| 売上原価 | | | ① 68,000 | ③ 45,000 | 182,000 | | | |
| | | | ②159,000 | | ↑ | | | |
| | | | | | 売上原価 | | | |

**例題2－6**

次の（　）内の中に金額を記入しなさい。

なお，売上総利益がマイナスの場合は，その金額に△をつけること。

| | 売 上 高 | 仕 入 高 | 期首商品棚卸高 | 期末商品棚卸高 | 売上原価 | 売上総利益 |
|---|---|---|---|---|---|---|
| 大阪商店 | 50,000 | 30,000 | 10,000 | （　ア　） | 32,000 | （　イ　） |
| 福岡商店 | 80,000 | 60,000 | （　ウ　） | 10,000 | 82,000 | （　エ　） |

【解　答】

ア：8,000　　　　イ：18,000　　　　ウ：32,000　　　　エ：△2,000

**例題2－7**

次の（　）中に金額を記入しなさい。

| | 名古屋商店 | 静岡商店 | 横浜商店 | 東京商店 |
|---|---|---|---|---|
| 期首商品棚卸高 | ¥　　　　0 | ¥　200,000 | ¥ 1,300,000 | ¥ （　エ　） |
| 総 仕 入 高 | 40,000 | 3,800,000 | 7,800,000 | 2,600,000 |
| 仕 入 戻 し 高 | 0 | 0 | 20,000 | 40,000 |
| 仕 入 値 引 高 | 0 | 0 | 30,000 | 20,000 |
| 総 売 上 高 | 50,000 | 4,500,000 | 9,800,000 | 2,900,000 |
| 売 上 戻 り 高 | 0 | 0 | 30,000 | 60,000 |
| 売 上 値 引 高 | 0 | 0 | 40,000 | 80,000 |
| 期末商品棚卸高 | 3,000 | 500,000 | 1,100,000 | 240,000 |
| 売 上 原 価 | （　ア　） | （　イ　） | （　ウ　） | （　ク　） |
| 売 上 総 利 益 | （　オ　） | （　カ　） | （　キ　） | △ 340,000 |

【解　答】

ア：37,000　　　　イ：3,500,000　　　　ウ：7,950,000　　　　エ：800,000

オ：13,000　　　　カ：1,000,000　　　　キ：1,780,000　　　　ク：3,100,000

84

## 4 | 仕入帳と売上帳

### 1 仕　入　帳（purchases journal）

**仕入帳**とは，商品の仕入に関して，取引の日付，仕入先，代金の支払方法，商品名，数量，単価・金額などをその取引発生順に記帳した補助簿である。

---

**例題2－8**

下記の仕入帳について，次の問いに答えなさい。

① 仕入帳を見て，日付順に仕訳を書きなさい。

② 5月31日付で次の仕入帳を締め切りなさい。なお，解答に際して赤字を示す文字または数字には，赤鉛筆やインクを用いないで，（　）をつけておくこと。

#### 仕　入　帳

| 令和○年 | | 摘　　　　　　　　要 | | 内　訳 | 金　額 |
|---|---|---|---|---|---|
| 5 | 7 | 小樽商店　　　　　　掛　　買 | | | |
| | | A　商　品　500個　@￥2,000 | | | 1,000,000 |
| | 15 | 函館商店　　　　小切手振出 | | | |
| | | B　商　品　200個　@￥1,500 | | 300,000 | |
| | | C　商　品　400個　@￥1,000 | | 400,000 | 700,000 |
| | (20) | (小樽商店)　　　　（戻　　し） | | | |
| | | （A　商　品）（200個　@￥2,000） | | | (400,000) |
| | 25 | 札幌商店　　　　　　掛　　買 | | | |
| | | D　商　品　200個　@￥3,000 | | | 600,000 |

---

【解　答】

| | | | | | | | | | |
|---|---|---|---|---|---|---|---|---|---|
| 5/ 7 | （借）仕 | | 入 | 1,000,000 | （貸）買 | 掛 | 金 | 1,000,000 |
| 5/15 | （借）仕 | | 入 | 700,000 | （貸）当 座 預 金 | | | 700,000 |
| 5/20 | （借）買 | 掛 | 金 | 400,000 | （貸）仕 | | 入 | 400,000 |
| 5/25 | （借）仕 | | 入 | 600,000 | （貸）買 | 掛 | 金 | 600,000 |

仕　入　帳

| 令和○年 | | 摘　　　　　　要 | | 内　訳 | 金　額 |
|---|---|---|---|---|---|
| 5 | 7 | 小 樽 商 店　　　　　掛　　買 | | | |
| | | A　商　品　　500個　@¥ 2,000 | | | 1,000,000 |
| | 15 | 函 館 商 店　　　　小切手振出 | | | |
| | | B　商　品　　200個　@¥ 1,500 | | 300,000 | |
| | | C　商　品　　400個　@¥ 1,000 | | 400,000 | 700,000 |
| | (20) | (小 樽 商 店)　　　　(戻　　　し) | | | |
| | | (A　商　品)　　(200個　@¥ 2,000) | | | (400,000) |
| | 25 | 札 幌 商 店　　　　　掛　　買 | | | |
| | | D　商　品　　200個　@¥ 3,000 | | | 600,000 |
| | 31 | 当　月　総　仕　入　高 | | | 2,300,000 |
| | (〃) | (当月値引・戻し高) | | | (400,000) |
| | 〃 | 当　月　純　仕　入　高 | | | 1,900,000 |

## 2　売　上　帳（sales journal）

　**売上帳**とは，商品の販売に関して，取引の日付，販売先，代金の受取方法，商品名，数量，単価・金額などを取引発生順に記録した補助簿である。

┌─ **例題 2 − 9** ─────────────────────────

　下記の売上帳について，次の問いに答えなさい。

① 　売上帳を見て，日付順に仕訳を書きなさい。

② 　10月31日付で次の売上帳を締め切りなさい。なお，解答に際して赤字を示す
　文字または数字には，赤鉛筆やインクを用いないで，（　）をつけておくこと。

### 売　上　帳

| 令和○年 | | 摘　　　　　要 | | 内　訳 | 金　額 |
|---|---|---|---|---|---|
| 10 | 5 | 札幌商店　　　掛　　売<br>A　商　品　2,000個　@¥　500 | | | 1,000,000 |
| | 12 | 鹿児島商店　　現金受取<br>B　商　品　1,500個　@¥ 1,000<br>C　商　品　1,000個　@¥ 2,000 | | 1,500,000<br>2,000,000 | 3,500,000 |
| | (13) | (札幌商店)　　　(戻　　り)<br>(A　商　品)　(500個　@¥　500) | | | (250,000) |
| | 20 | 金沢商店　　　掛　　売<br>C　商　品　1,000個　@¥ 1,500 | | | 1,500,000 |

【解　答】

10/ 5（借）売　掛　金 1,000,000 　（貸）売　　　　　上 1,000,000

10/12（借）現　　　金 3,500,000 　（貸）売　　　　　上 3,500,000

10/13（借）売　　　上 　 250,000 　（貸）売　掛　金 　 250,000

10/20（借）売　掛　金 1,500,000 　（貸）売　　　　　上 1,500,000

### 売　上　帳

| 令和○年 | | 摘　　　　　要 | | 内　訳 | 金　額 |
|---|---|---|---|---|---|
| 10 | 5 | 札幌商店　　　掛　　売<br>A　商　品　2,000個　@¥ 500 | | | 1,000,000 |
| | 12 | 鹿児島商店　　現金受取<br>B　商　品　1,500個　@¥ 1,000<br>C　商　品　1,000個　@¥ 2,000 | | 1,500,000<br>2,000,000 | 3,500,000 |
| | (13) | (札幌商店)　　　(戻　　り)<br>(A　商　品)　(500個　@¥　500) | | | (250,000) |
| | 20 | 金沢商店　　　掛　　売<br>C　商　品　1,000個　@¥ 1,500 | | | 1,500,000 |
| | 31 | 当 月 総 売 上 高 | | | 6,000,000 |
| | (〃) | (当月値引・戻り高) | | | (250,000) |
| | 〃 | 当 月 純 売 上 高 | | | 5,750,000 |

## 5 | 商品有高帳 （inventory stock ledger）

### 1　商品有高帳の意義

　商品有高帳は，商品の種類別に設け，商品の受け払いの都度に，受入高・払
出高・残高について，それぞれ数量・単価・金額を記入し，帳簿棚卸高を明ら
かにするとともに，売上原価を算定する機能をもつ補助簿である。なお，商品
有高帳では受入欄・払出欄・残高欄に記入される単価は，いずれも仕入原価を
記載し，売価は一切記入しない。

### 2　払出単価の決定

　同一の商品であっても，物価変動によって，あるいは仕入先を変えることに
よって仕入単価は異なってくる。このような場合に，商品を販売した時には，
どのような払出単価を用いるかという問題が生じる。その場合，現実の商品の
流れとは別に，商品の流れについて一定の仮定を設けて単価の決定を行うこと
になる。払出単価の計算方法には，先入先出法や移動平均法などの方法がある。

$$払出単価の計算方法 \begin{cases} 1 & 個別法 \\ 2 & 先入先出法 \\ 3 & 移動平均法 \\ 4 & 総平均法 \end{cases}$$

　①　**先入先出法** （first-in-first-out method ; FIFO）

　これは，受入期日の早いもの（先に仕入れたもの）から順次払出しを行うもの
と仮定して，払出単価を決定する方法であって，買入順法ともいわれている。

　②　**移動平均法** （moving average method）

　これは，単価の異なる商品を購入する都度，その購入価格とその直前の商品
の在庫価格との合計額を，それらの数量の合計で除することによって得られた
平均単価をもって，払出単価とする方法である。

　③　**総 平 均 法**

　これは，期末に前期からの繰越高の原価と当期中の購入総原価との合計額を，
前期からの繰越数量と当期中の購入数量との合計額で割った平均単価を，その

88

期間の払出単価とする方法である。

**【商品有高帳による売上原価と期末棚卸高】**

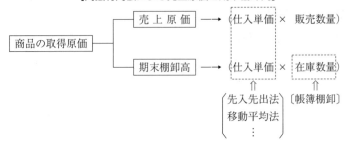

---

例題2−10

　次の札幌商会における5月中の鉛筆に関する仕入および売上についての資料に基づいて，次の問いに答えなさい。

(1)　先入先出法および移動平均法によって商品有高帳を記入しなさい。

(2)　先入先出法および移動平均法によって，5月中における売上高，売上原価および売上総利益を計算しなさい。

資　　料

　5月10日　仕入　60ダース　@¥300　　　5月22日　仕入　75ダース　@¥320

　　　15日　売上　50　〃　　　〃　310　　　　29日　売上　80　〃　　　〃　330

(1)

商　品　有　高　帳

先入先出法　　　　　　　　　　　　　鉛　　　　筆　　　　　　　　　　（単位：ダース）

| 令和〇年 | | 摘要 | 受　入 | | | 払　出 | | | 残　高 | | |
|---|---|---|---|---|---|---|---|---|---|---|---|
| | | | 数量 | 単価 | 金　額 | 数量 | 単価 | 金　額 | 数量 | 単価 | 金　額 |
| 5 | 1 | 繰越 | 40 | 250 | 10,000 | | | | 40 | 250 | 10,000 |
| | | | | | | | | | | | |
| | | | | | | | | | | | |
| | | | | | | | | | | | |
| | | | | | | | | | | | |
| | | | | | | | | | | | |

移動平均法　　　　　　　　　鉛　　　筆　　　　　　（単位：ダース）

| 令和〇年 | | 摘要 | 受　入 | | | 払　出 | | | 残　高 | | |
|---|---|---|---|---|---|---|---|---|---|---|---|
| | | | 数量 | 単価 | 金　額 | 数量 | 単価 | 金　額 | 数量 | 単価 | 金　額 |
| 5 | 1 | 繰越 | 40 | 250 | 10,000 | | | | 40 | 250 | 10,000 |
| | | | | | | | | | | | |
| | | | | | | | | | | | |
| | | | | | | | | | | | |
| | | | | | | | | | | | |

(2)

| 方法　　＼　項目 | 売　上　高 | 売　上　原　価 | 売上総利益 |
|---|---|---|---|
| 先入先出法 | ¥ | ¥ | ¥ |
| 移動平均法 | ¥ | ¥ | ¥ |

（日商簿記検定3級，第40回）

【解　答】

(1)

商　品　有　高　帳

先入先出法　　　　　　　　　鉛　　　筆　　　　　　（単位：ダース）

| 令和〇年 | | 摘要 | 受　入 | | | 払　出 | | | 残　高 | | |
|---|---|---|---|---|---|---|---|---|---|---|---|
| | | | 数量 | 単価 | 金　額 | 数量 | 単価 | 金　額 | 数量 | 単価 | 金　額 |
| 5 | 1 | 繰越 | 40 | 250 | 10,000 | | | | 40 | 250 | 10,000 |
| | 10 | 仕入 | 60 | 300 | 18,000 | | | | {40<br>{60 | 250<br>300 | 10,000<br>18,000 |
| | 15 | 売上 | | | | 50{40<br>{10 | 250<br>300 | 10,000<br>3,000 | 50 | 300 | 15,000 |
| | 22 | 仕入 | 75 | 320 | 24,000 | | | | {50<br>{75 | 300<br>320 | 15,000<br>24,000 |
| | 29 | 売上 | | | | 80{50<br>{30 | 300<br>320 | 15,000<br>9,600 | 45 | 320 | 14,400 |

売上原価¥37,600

| 移動平均法 | | 鉛　　　筆 | | | | | | | （単位：ダース） | | |
|---|---|---|---|---|---|---|---|---|---|---|---|
| 令和〇年 | 摘要 | 受　　入 | | | 払　　出 | | | 残　　高 | | |
| | | 数量 | 単価 | 金　額 | 数量 | 単価 | 金　額 | 数量 | 単価 | 金　額 |
| 5　1 | 繰越 | 40 | 250 | 10,000 | | | | 40 | 250 | 10,000 |
| 10 | 仕入 | 60 | 300 | 18,000 | | | | 100 | 280 | 28,000 |
| 15 | 売上 | | | | 50 | 280 | 14,000 | 50 | 280 | 14,000 |
| 22 | 仕入 | 75 | 320 | 24,000 | | | | 125 | 304 | 38,000 |
| 29 | 売上 | | | | 80 | 304 | 24,320 | 45 | 304 | 13,680 |

売上原価￥38,320

(2)

| 方法＼項目 | 売　上　高 | 売　上　原　価 | 売上総利益 |
|---|---|---|---|
| 先入先出法 | ￥　41,900(注) | ￥　37,600 | ￥　4,300 |
| 移動平均法 | ￥　41,900 | ￥　38,320 | ￥　3,580 |

売上高については，この問題の資料をもとに次のように計算して求める。

**(注)** 売上高＝(@￥310×50ダース)＋(@￥330×80ダース)

＝15,500＋26,400

＝￥41,900

| Column | 先入先出法・移動平均法<br>…複数の会計処理方法と継続性の原則 |
|---|---|

　企業会計では，１つの会計事実について２つ以上の会計処理の選択適用が認められている場合がある。例えば，商品有高帳における棚卸資産の先入先出法・移動平均法等がそれである。それらの各手法によって求められた売上原価や期末棚卸額は手法によって金額が若干異なるが，それらはいずれも正しいものとみなされている。

　なお，いったん採用した会計処理の手続きは，正当な理由により変更を行う場合を除き，継続して適用しなければならない。これを会計理論では「継続性の原則」という。したがって，当期は先入先出法を適用し，次期は移動平均法を適用するというようなことは認められない。それを認めると損益計算の期間比較ができなくなるとともに，利益操作の手段として悪用される可能性があるからである。

## 第**3**節 | 掛 取 引

### 1 売掛金(accounts receivable-trade)・買掛金(accounts payable-trade)

(1)**売掛金**は，商品の掛売りによって生じた債権を処理する資産の勘定である。商品を掛けで売った時は，売掛金勘定の借方に記入し，売掛金を回収した時は，売掛金勘定の貸方に記入する。(2)**買掛金**は，商品の掛買いによって生じた債務を処理する負債の勘定である。商品を掛けで仕入れた時は，買掛金勘定の貸方に記入し，買掛金を支払った時は，買掛金勘定の借方に記入する。

### 2 統制勘定と人名勘定（売掛金元帳・買掛金元帳）

(1)売掛金勘定や買掛金勘定は，総勘定元帳の中の勘定科目であり，会社全体の売掛金や買掛金の増加額およびその減少額を表示するものである。したがって個々の取引先別の売掛金額や買掛金額を明らかにすることはできない。

(2)そこで「得意先別の売掛金」の明細や「仕入先別の買掛金」の明細を記録するための補助簿を設ける必要が生じてくる。これが売掛金元帳（得意先元帳）と買掛金元帳（仕入先元帳）である。これらの帳簿には得意先や仕入先別に勘定口座を設けることが必要となるが，この場合に用いるのが**人名勘定**である。つまり，売掛金勘定や買掛金勘定の代わりに，個々の取引先の氏名または商号（例えば，「東京商店」とか「静岡商店」）を勘定科目として使用するのである。

人名勘定で掛取引を処理すると，個々の取引先別の売掛金・買掛金は明らかになるが，取引先が増加するにつれて元帳の勘定口座数も多くなり，誤謬が発生しやすい等の種々の不便が生じる。そこで，このような場合，①総勘定元帳上では，全ての得意先（仕入先）については売掛金勘定（買掛金勘定）1つで処理し，会社全体の売掛金や買掛金を把握する。②これに対して売掛金元帳（得意先元帳）や買掛金元帳（仕入先元帳）では，得意先別・仕入先別の掛取引の金額を示す。

売掛金勘定や買掛金勘定のように，１つの勘定が補助元帳（売掛金元帳や買掛金元帳）を有し多数の内訳勘定を統制しているとき，このような勘定を**統制勘定**あるいは**統括勘定**と呼ぶ。

$\begin{cases} 1.\ 売掛金・買掛金……会社全体の売掛金・買掛金を表示 \\ 2.\ 人名勘定…………取引相手方（仕入先・得意先）ごとの売掛金や買掛金を表示 \end{cases}$

総勘定元帳に売掛金勘定を設け，補助元帳である売掛金元帳には人名勘定を設けて，記帳処理がされる場合には，例えば，⑴商品を掛売りした時は，総勘定元帳の売掛金勘定の借方と，得意先元帳の人名勘定の借方にそれぞれ記入し，⑵売掛金を回収した時は，総勘定元帳の売掛金勘定の貸方と売掛金元帳の人名勘定の貸方にそれぞれ記入する。

⑶また，掛売りした商品の返品や値引は，総勘定元帳の売掛金勘定と売掛金元帳の人名勘定の貸方にそれぞれ記入する。（下図参照）

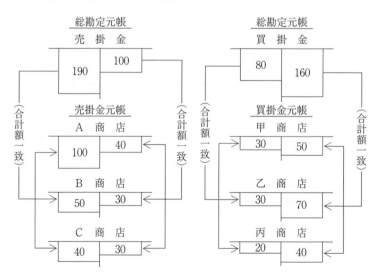

このような記入が行われる結果，総勘定元帳の「売掛金勘定の借方（貸方）合計金額」は，売掛金元帳の「人名勘定の全ての借方（貸方）合計金額」と一致する。同様のことは商品の掛仕入れの場合にもあてはまる。

┌─ **例題 3 － 1** ─────────────────────────────────┐

次の取引を仕訳し，売掛金勘定と売掛金元帳に記入して締め切りなさい。

11月20日　名古屋商店に商品￥750,000，岐阜商店に商品￥560,000を販売し，代金はそれぞれ掛けとした。

　　21日　名古屋商店から品違いのため￥30,000が返品された。

　　25日　売掛金回収として，名古屋商店から￥500,000，岐阜商店から￥400,000をそれぞれ現金で受け取った。

└────────────────────────────────────────────┘

【解　答】

| 11/20 | （借）売　　掛　　金 | 1,310,000 | （貸）売　　　　　上 | 1,310,000 |
|---|---|---|---|---|
| 11/21 | （借）売　　　　　上 | 30,000 | （貸）売　　掛　　金 | 30,000 |
| 11/25 | （借）現　　　　　金 | 900,000 | （貸）売　　掛　　金 | 900,000 |

総 勘 定 元 帳

売　　掛　　金

| 11/20 | 売 | 上 | 1,310,000 | 11/21 | 売 | 上 | 30,000 |
|---|---|---|---|---|---|---|---|
| | | | | 25 | 現 | 金 | 900,000 |
| | | | | **30** | **次 月 繰 越** | | **380,000** |
| | | | 1,310,000 | | | | 1,310,000 |
| 12/1 | 前 月 繰 越 | | 380,000 | | | | |

売 掛 金 元 帳
名 古 屋 商 店

| 令和〇年 | | 摘　　　　要 | 借　方 | 貸　方 | 借・貸 | 残　高 |
|---|---|---|---|---|---|---|
| 11 | 20 | 売　　　　　上 | 750,000 | | 借 | 750,000 |
| | 21 | 返　　　　　品 | | 30,000 | 〃 | 720,000 |
| | 25 | 入　　　　　金 | | 500,000 | 〃 | 220,000 |
| | 30 | 次 月 繰 越 | | 220,000 | ← | |
| | | | 750,000 | 750,000 | | 最終残高を移記する |
| 12 | 1 | 前 月 繰 越 | 220,000 | | 借 | 220,000 |

岐 阜 商 店

| 令和〇年 | | 摘　　　　要 | 借　方 | 貸　方 | 借・貸 | 残　高 |
|---|---|---|---|---|---|---|
| 11 | 20 | 売　　　　　上 | 560,000 | | 借 | 560,000 |
| | 25 | 入　　　　　金 | | 400,000 | 〃 | 160,000 |
| | 30 | 次 月 繰 越 | | 160,000 | ← | |
| | | | 560,000 | 560,000 | | 最終残高を移記する |
| 12 | 1 | 前 月 繰 越 | 160,000 | | 借 | 160,000 |

**例題3－2**

次の取引を仕訳し，買掛金勘定と買掛金元帳に記入して締め切りなさい。

11月5日　豊橋商店から商品￥600,000，岡崎商店から商品￥750,000を仕入れ，代金はそれぞれ掛けとした。

6日　豊橋商店に品違いのため商品￥60,000を返品した。

20日　買掛金支払いのため，豊橋商店に￥500,000，岡崎商店に￥600,000をそれぞれ小切手を振り出して支払った。

【解　答】

| | | | | | | | | | |
|---|---|---|---|---|---|---|---|---|---|
| 11/ 5 | (借)仕 | 入 | 1,350,000 | (貸)買 | 掛 | 金 | 1,350,000 |
| 11/ 6 | (借)買 | 掛 | 金 | 60,000 | (貸)仕 | 入 | 60,000 |
| 11/20 | (借)買 | 掛 | 金 | 1,100,000 | (貸)当 座 預 金 | 1,100,000 |

買　掛　金

| | | | |
|---|---|---|---|
| 11/ 6 仕　　　入 | 60,000 | 11/ 5 仕　　　入 | 1,350,000 |
| 20 当 座 預 金 | 1,100,000 | | |
| 30 次 月 繰 越 | 190,000 | | |
| | 1,350,000 | | 1,350,000 |
| | | 12/ 1 前 月 繰 越 | 190,000 |

買 掛 金 元 帳
豊 橋 商 店

| 令和○年 | | 摘　　　要 | 借　方 | 貸　方 | 借・貸 | 残　高 |
|---|---|---|---|---|---|---|
| 11 | 5 | 仕　　　入 | | 600,000 | 貸 | 600,000 |
| | 6 | 返　　　品 | 60,000 | | 〃 | 540,000 |
| | 20 | 支　　　払 | 500,000 | | 〃 | 40,000 |
| | 30 | 次 月 繰 越 | 40,000 | | | 最終残高を移記する |
| | | | 600,000 | 600,000 | | |
| 12 | 1 | 前 月 繰 越 | | 40,000 | 貸 | 40,000 |

岡 崎 商 店

| 令和○年 | | 摘　　　要 | 借　方 | 貸　方 | 借・貸 | 残　高 |
|---|---|---|---|---|---|---|
| 11 | 5 | 仕　　　入 | | 750,000 | 貸 | 750,000 |
| | 20 | 支　　　払 | 600,000 | | 〃 | 150,000 |
| | 30 | 次 月 繰 越 | 150,000 | | | 最終残高を移記する |
| | | | 750,000 | 750,000 | | |
| 12 | 1 | 前 月 繰 越 | | 150,000 | 貸 | 150,000 |

## 例題3－3

　10月中の買掛金に関する取引の勘定記録は以下のとおりである。下記勘定の空欄のうち，（Ａ）～（Ｅ）には次に示した[語群]の中から適切な語句を選択し記入するとともに，（①）～（⑤）には適切な金額を記入しなさい。なお，仕入先は下記の２店のみとし，各勘定は毎月末に締め切っている。

[語群]　前月繰越　　次月繰越　　現　　金　　普通預金
　　　　仕　　入　　買　掛　金

### 総勘定元帳
#### 買　掛　金

| | | | | | |
|---|---|---|---|---|---|
| 10/ 9 仕　　入 | （　　　） | 10/ 1 前月繰越 | 330,000 |
| 15 （ Ａ ） | 331,000 | 8 （ Ｄ ） | （ ③ ） |
| （　）仕　　入 | （ ① ） | （　）（　　　） | 821,000 |
| 25 （ Ｂ ） | （ ② ） | | |
| 31 （ Ｃ ） | 293,000 | | |
| | （　　　） | | （　　　） |

### 買掛金元帳
#### 北海道商店

| | | | | | |
|---|---|---|---|---|---|
| 10/22 （　　　） | （　　　） | 10/ 1 （　　　） | 210,000 |
| 25 普通預金払い | 925,000 | 21 仕入れ | （　　　） |
| 31 （　　　） | （ ④ ） | | |
| | 1,031,000 | | 1,031,000 |

#### 沖縄商店

| | | | | | |
|---|---|---|---|---|---|
| 10/ 9 返　　品 | （ ⑤ ） | 10/ 1 （ Ｅ ） | （　　　） |
| 15 現金払い | （　　　） | 8 仕入れ | 418,000 |
| 31 （　　　） | 198,000 | | |
| | 538,000 | | 538,000 |

| Ａ | Ｂ | Ｃ | Ｄ | Ｅ |
|---|---|---|---|---|
| | | | | |

| ① | ② | ③ | ④ | ⑤ |
|---|---|---|---|---|
| | | | | |

（日商簿記検定3級　第151回）

98

【解 答】

| A | B | C | D | E |
|---|---|---|---|---|
| 現　　金 | 普 通 預 金 | 次 月 繰 越 | 仕　　入 | 前 月 繰 越 |
| ① | ② | ③ | ④ | ⑤ |
| 11,000 | 925,000 | 418,000 | 95,000 | 9,000 |

---

**例題 3 － 4**

　次の取引を仕訳し，買掛金勘定と買掛金元帳に転記しなさい。ただし，商品勘定は 3 分法によること。

　6月5日　愛知商店から商品￥200,000を仕入れ，代金は掛けとした。
　　10日　徳島商店から商品￥70,000を仕入れ，代金は掛けとした。
　　18日　徳島商店から仕入れた商品について￥5,000の値引きを受けた。
　　25日　愛知商店の買掛金のうち￥90,000を小切手を振り出して支払った。

【解 答】

| | 借　　方 | 金　　額 | 貸　　方 | 金　　額 |
|---|---|---|---|---|
| 6/5 | 仕　　　　入 | 200,000 | 買　　掛　　金 | 200,000 |
| 10 | 仕　　　　入 | 70,000 | 買　　掛　　金 | 70,000 |
| 18 | 買　　掛　　金 | 5,000 | 仕　　　　入 | 5,000 |
| 25 | 買　　掛　　金 | 90,000 | 当　座　預　金 | 90,000 |

総 勘 定 元 帳
買　　掛　　金

| 6/18 仕　　入 | 5,000 | 6/5 仕　　入 | 200,000 |
|---|---|---|---|
| 25 当座預金 | 90,000 | 10 仕　　入 | 70,000 |

買 掛 金 元 帳
愛 知 商 店

| 令和○年 | | 摘　　要 | 借　　方 | 貸　　方 | 借または貸 | 残　　高 |
|---|---|---|---|---|---|---|
| 6 | 5 | 仕　　　　入 | | 200,000 | 貸 | 200,000 |
| | 25 | 小 切 手 振 出 し | 90,000 | | 〃 | 110,000 |

徳 島 商 店

| | | | | | | | |
|---|---|---|---|---|---|---|---|
| 6 | 10 | 仕　　　　入 | | 70,000 | 貸 | 70,000 |
| | 18 | 値　　　　引 | 5,000 | | 〃 | 65,000 |

## 3　貸倒れの処理と貸倒引当金

### 1　貸倒引当金の意義

　売掛金や受取手形などの売上債権は，得意先の倒産などのために回収不能となる場合がある。そこで売上債権の期末残高が，次期以降に回収不能になる場合に備えて，その額を見積り，当期の費用として見越計上したときの貸方科目が貸倒引当金である。

　なお，貸倒引当金の設定対象となるのは，売掛金や受取手形のような売上債権だけではない。次のような債権が貸倒引当金の設定対象となる。それには，売掛金・受取手形・貸付金・未収金・立替金などがある。

### 2　債権の区分と貸倒引当金

　債権に対する貸倒引当金の計上は，次のような債権の区分に応じて行われる。

(1)　一　般　債　権：企業の経営状況に重大な問題が生じていない債務者に対する債権

(2)　貸倒懸念債権：経営破綻の状態に陥ってはいないが，債務の返済に重大な問題がすでに生じているか，または生じる可能性が高い債務者に対する債権

(3)　破産更生債権等：既に経営破綻しているか，または実質的に経営破綻に陥っている債務者に対する債権

### 3 債権の区分と貸倒引当金の見積方法

| | 債権の区分 | 見積方法 | 計　算　式 |
|---|---|---|---|
| 1 | 一　般　債　権 | 貸倒実績率法 | 債権金額×貸倒実績率（％） |
| 2 | 貸倒懸念債権 | 財務内容評価法 | $\left\{債権金額-\left(\substack{担保処分\\見込額}+\substack{保証回収\\見込額}\right)\right\}×一定率$ |
| | | キャッシュ・フロー見積法 | 債権金額－将来キャッシュ・フローの割引現在価値 |
| 3 | 破産更生債権等 | 財務内容評価法 | $債権金額-\left(\substack{担保処分\\見込額}+\substack{保証回収\\見込額}\right)$ |

### 4 決算時における貸倒引当金の設定（差額補充法と洗替法）

　第2期以降の決算にあたり，決算直前に貸倒引当金の残高がある場合，当期末の処理方法には差額補充法と洗替法の2つがある。

#### (1) 差額補充法

　前期からの貸倒引当金残高と当期末に算定した貸倒見積高との差額を，貸倒引当金として追加計上する方法。

　　　a．前期からの貸倒引当金よりも当期貸倒見積額の方が大きいケース

　　　　（借）貸倒引当金繰入　×××　　（貸）貸倒引当金　×××

　　　b．前期からの貸倒引当金の方が当期貸倒見積額よりも大きいケース

　　　　（借）貸倒引当金　×××　　（貸）貸倒引当金戻入　×××

#### (2) 洗　替　法

　前期からの貸倒引当金の残高を全て**貸倒引当金戻入**（収益の勘定）として処理し，当期に新しく貸倒引当金を設定し直す方法。

　　　a．前期からの貸倒引当金の戻入れ

　　　　（借）貸倒引当金　×××　　（貸）貸倒引当金戻入　×××

　　　b．当期の貸倒見積額の繰入れ

　　　　（借）貸倒引当金繰入　×××　　（貸）貸倒引当金　×××

---

**例題3－5**

次の取引について仕訳を示しなさい。

決算期末に売掛金残高￥1,500,000に対し，2％(貸倒実績率)の貸倒れを見積る。なお，貸倒引当金の期末残高は￥25,000であり，①差額補充法と②洗替法で処理する。

---

【解　答】

(1)　**差額補充法**

(借) 貸倒引当金繰入　　5,000　　(貸) 貸 倒 引 当 金　　5,000

| 貸倒引当金繰入 | | 貸 倒 引 当 金 | |
|---|---|---|---|
| 5,000 | | | 25,000 |
| | | | 5,000 |

$$(1,500,000 \times 0.02) - 25,000 = 5,000$$

精算表への記入を示すと次のようになる。

精　算　表

| 勘定科目 | 試　算　表 | | 修　正　記　入 | | 損益計算書 | | 貸借対照表 | |
|---|---|---|---|---|---|---|---|---|
| | 借方 | 貸方 | 借方 | 貸方 | 借方 | 貸方 | 借方 | 貸方 |
| 売　掛　金 | 1,500,000 | | | | | | 1,500,000 | |
| 貸倒引当金 | | 25,000 | -----> | 5,000 | | | -----> | 30,000 |
| 貸倒引当金繰入 | | | 5,000 | ----------> | 5,000 | | | |

(2)　**洗　替　法**

(借) 貸 倒 引 当 金　　25,000　　(貸) 貸倒引当金戻入　　25,000

　　　貸倒引当金繰入　　30,000　　　　貸 倒 引 当 金　　30,000

| 貸倒引当金繰入 | | 貸 倒 引 当 金 | |
|---|---|---|---|
| 30,000 | | 25,000 | 25,000 |
| | | | 30,000 |

| 貸倒引当金戻入 | |
|---|---|
| | 25,000 |

精算表への記入を示すと次のようになる。

精　算　表

| 勘定科目 | 試　算　表 | | 修　正　記　入 | | 損益計算書 | | 貸借対照表 | |
|---|---|---|---|---|---|---|---|---|
| | 借方 | 貸方 | 借方 | 貸方 | 借方 | 貸方 | 借方 | 貸方 |
| 売　掛　金 | 1,500,000 | | | | | | 1,500,000 | |
| 貸倒引当金 | | 25,000 | 25,000 | 30,000 | --------------------------------> | | | 30,000 |
| 貸倒引当金繰入 | | | 30,000 | --------> | 30,000 | | | |
| 貸倒引当金戻入 | | | | 25,000 | --------> | 25,000 | | |

（第1法）　　　　　　　　　　貸　借　対　照　表

| 売　掛　金 | 1,500,000 | | |
|---|---|---|---|
| | | 貸倒引当金 | 30,000 |

（第2法）　　　　　　　　　　貸　借　対　照　表

| 売　掛　金 | 1,500,000 | |
|---|---|---|
| 貸倒引当金 | 30,000 | 1,470,000 |

---

**Column　貸倒引当金は評価勘定**

　　上で示した貸借対照表を見るとわかるように，貸倒引当金は売掛金をマイナスする機能を有している。すなわち売掛金¥1,500,000は，そのうち回収できないかもしれない額が¥30,000あり，それを考慮すると，売掛金の資産としての価値は¥1,470,000になることを示している。

　　それゆえ貸倒引当金は，売掛金のマイナス項目と見ることができる。このような勘定を「評価勘定」という。

---

## 5　貸倒れ発生時の処理

　　貸倒れが当期に発生した時は，その債権（例：売掛金・受取手形）が過年度に発生した債権なのかあるいは当期に発生した債権なのか，また貸倒引当金がどの程度の額設定されているかによって次のような処理となる。

① 過年度に発生した債権が当期に貸倒れた場合

　　a　貸倒引当金が設定されていないケース

　　　（借）貸 倒 損 失　×××　（貸）売 　掛 　金　×××

　　b　貸倒引当金が設定してあるケース（貸倒引当金を上回る額の貸倒れ）

　　　まず貸倒引当金勘定（資産のマイナス勘定）を取り崩し，不足額が生じた時は貸倒損失勘定（費用の勘定）で処理する。

　　　（借）貸 倒 引 当 金　×××　（貸）売 　掛 　金　×××

　　　　　貸 倒 損 失　×××

② 当期に発生した債権が当期に貸倒れた場合

　　当期発生債権については，それに対してはまだ貸倒引当金が設定されていないので，貸倒損失（費用の勘定）として処理する。

　　　（借）貸 倒 損 失　×××　（貸）売 　掛 　金　×××

---

**例題 3 - 6**

次の取引について仕訳を示しなさい。
① 山形商店が倒産し，前年に発生した売掛金¥3,000は回収できないことになった。なお，貸倒引当金¥3,500が設定してある。
② 山形商店が倒産し，前年に発生した売掛金¥4,000が回収できないことになった。なお，貸倒引当金¥3,500が設定してある。

---

**【解　答】**

① （借）貸 倒 引 当 金　　3,000　（貸）売 　掛 　金　　3,000
② （借）貸 倒 引 当 金　　3,500　（貸）売 　掛 　金　　4,000
　　　　　貸 倒 損 失　　　500

---

## 4 償却債権取立益 (bad debts recovered)

　売掛金や受取手形などの売上債権が回収不能となったときは，貸倒損失として処理するか，貸倒引当金を設定している場合は貸倒引当金を取り崩す。しか

し，前期以前に回収不能として処理した売上債権が，当期に一部または全部回収できたときは，回収額を現金勘定等の借方に記帳するとともに**償却債権取立益**（収益の勘定）の貸方に記帳する。償却債権取立益は，前期の損益を修正する性質をもつ**前期損益修正項目**である。

---

**例題3－7**

次の取引について仕訳を示しなさい。
前期以前において貸倒れとして処理してあった売掛金のうち¥20,000が現金で回収できた。

---

【解　答】

（借）現　　　　金　　20,000　　（貸）償却債権取立益　　20,000
**（注）**　なお，既に下記の会計処理は済んでいる。
（借）貸 倒 引 当 金　　20,000　　（貸）売　　掛　　金　　20,000

## 5 クレジット売掛金（credit receivables）

商品の販売時に代金についてクレジット・カードを提示されたときは，売掛金とは区別してクレジット売掛金（資産の勘定）の借方に記帳する。また，クレジット・カードの利用にともなうクレジット会社に対する手数料の支払い額は，原則として，商品の販売時に支払手数料（費用の勘定）を計上する。

---

**例題3－8**

次の取引について仕訳を示しなさい。
静岡商会は，商品¥5,000をクレジット・カードにより販売した。なお，信販会社へのクレジット手数料は販売代金の1％であり，販売時に計上する。

---

【解　答】

（借）クレジット売掛金　　4,950　　（貸）売　　　　上　　5,000
支 払 手 数 料※　　　50
※　¥5,000×1％＝¥50

例題3－9

次の取引について仕訳を示しなさい。

例題3－8のクレジット取引について，信販会社から1％の手数料を差し引いた手取額が当社の当座預金に入金された。

【解　答】

(借) 当 座 預 金　　4,950　　(貸) クレジット売掛金　　4,950

## 6 電子記録債権 (electronically recorded receivables)・電子記録債務 (electronically recorded obligations)

　電子記録債権とは，電子的に記録・管理される債権をいい，従来の手形や売掛金が電子化されたものを指す。

### 1 債権者の処理

　売掛金について，電子記録債権を記録した場合，債権者は売掛金を減少させ，電子記録債権勘定（資産の勘定）の借方に記入する。電子記録債権は，支払期日において銀行をとおして自動的に決済される。

例題3－10

次の取引について仕訳を示しなさい。

東京商会は，得意先横浜商会に対する売掛金¥10,000について，同社の承諾を得て，電子記録債権の発生記録を行った。

【解　答】

(借) 電 子 記 録 債 権　　10,000　　(貸) 売 　 掛 　 金　　10,000

---
**例題3−11**

次の取引について仕訳を示しなさい。

例題3−10で発生した電子記録債権の支払期日が到来し，当座預金に入金された。

---

**【解 答】**

(借) 当 座 預 金　　10,000　　(貸) 電子記録債権　　10,000

## 2　債務者の処理

　買掛金について，電子記録債務を記録した場合，債務者は買掛金を減少させ，電子記録債務勘定（負債）の貸方に記入する。

---
**例題3−12**

次の取引について仕訳を示しなさい。

横浜商会は，仕入先東京商会に対する買掛金¥10,000について，電子記録債務の発生記録を行った。

---

**【解 答】**

(借) 買 　掛　 金　　10,000　　(貸) 電子記録債務　　10,000

---
**例題3−13**

次の取引について仕訳を示しなさい。

3−12で発生した電子記録債務の支払期日が到来したため，当座預金から引き落とされた。

---

**【解 答】**

(借) 電子記録債務　　10,000　　(貸) 当 座 預 金　　10,000

## 第**4**節 ｜ 手 形 取 引

### 1 手形の種類

　手形は(1)法律上では約束手形と為替手形に分類される。(2)簿記上では約束手形であっても為替手形であっても，商品の売買に関して用いられる手形であれば，受取手形勘定および支払手形勘定で処理される。

　(3)なお，このほかにどのような取引に関して手形が振り出されたかによって，商業手形と金融手形に分類されることもある。

| 法律上の分担 | 取引による分類 | 簿記上の勘定科目 |
|---|---|---|
| 約 束 手 形 | 商 業 手 形 | 受取手形・支払手形 |
| 為 替 手 形 | 金 融 手 形 | 手形貸付金・手形借入金 |

### 2 受取手形と支払手形

### 1 受 取 手 形（notes receivable-trade）

　**受取手形**は，資産に属する勘定で，得意先との間の通常の取引に基づいて発生した手形債権の金額をその借方に記入し，手形代金の入金や手形の譲渡（裏書や割引）によって手形債権が消滅したときにはその貸方に記入する。

**【受 取 手 形】**

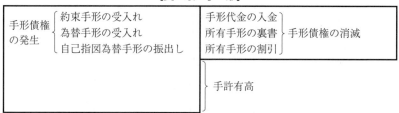

### 2 支 払 手 形（notes payable-trade）

　**支払手形**は，負債に属する勘定で，通常の取引に基づいて発生した手形債務

を処理する勘定である。手形代金を支払う義務（手形債務）が発生したときにはその貸方に記入し，手形代金の支払いによって手形債務が消滅したときにはその借方に記入する。

【支 払 手 形】

## 3 約 束 手 形 (promissory note)

### 1　約束手形の意義

　**約束手形**は，振出人（手形の作成者）が，一定の期日に一定の金額を受取人に支払うことを約束した証書である。したがって，振出人が債務者になり，受取人が債権者になる。手形金額が支払われる日を満期日という。満期までの期間は，通常で2～3か月，長いものでは半年，1年の手形もある。

### 2　約束手形に関する取引

　A商店がB商店から商品を仕入れ，代金として約束手形を振り出して後日決済された場合を図示すると，以下のようになる。

1．振出人Ⓐ……約束手形を振り出すとともに，手形の満期日には手形代金を受取人Ⓑに支払う義務を負う。それゆえⒶは債務者である。約束手形の場合は振出人と支払人は同一人物である。
2．受取人Ⓑ……約束手形を受け取るとともに，その後の手形代金を受領する権利を有する。それゆえⒷは債権者である。

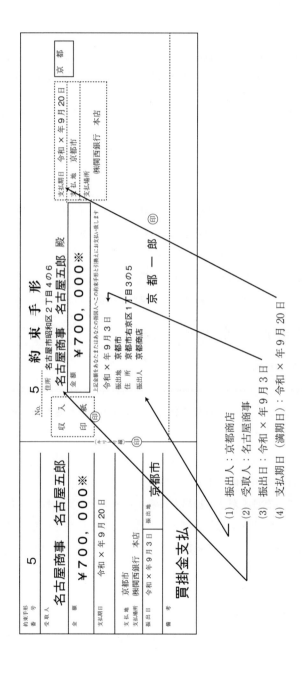

(1) 振出人：京都商店
(2) 受取人：名古屋商事
(3) 振出日：令和×年9月3日
(4) 支払期日（満期日）：令和×年9月20日

---

**例題 4 − 1**

次の取引について，秋田商店および山形商店の仕訳を示しなさい。
① 秋田商店は山形商店から商品￥150,000を仕入れ，代金として約束手形を振り出した。
② 上記約束手形が満期日となり，手形代金が秋田商店の当座預金から山形商店へ支払われた。

---

【解　答】

〈秋田商店（振出人）の仕訳〉

① （借）仕　　　　　入　150,000　　　（貸）支　払　手　形　150,000

② （借）支　払　手　形　150,000　　　（貸）当　座　預　金　150,000

〈山形商店（受取人）の仕訳〉

① （借）受　取　手　形　150,000　　　（貸）売　　　　　上　150,000

② （借）当　座　預　金　150,000　　　（貸）受　取　手　形　150,000

## 4 為替手形 (bills of exchange)

### 1 為替手形の意義

　**為替手形**とは，手形の振出人が支払人（名宛人または引受人ともいう）に対して，一定の期日に一定の金額を受取人に支払うことを依頼した手形である。支払人が支払いを承諾して引受欄に署名・捺印することを為替手形の引受けといい，支払人が債務者となり，受取人は債権者となる。為替手形を他人宛に振り出した場合は，振出人には手形上の債権も債務も生じない。

　このように，為替手形は，振出人自身が手形代金を支払わず，支払人に支払いを委託する点で約束手形と異なっている。約束手形が主として国内で使用されているのに対して，為替手形は主として海外との取引で利用されることが多い。

### 2 為替手形に関する取引

　A商店（振出人）がB商店（受取人）から商品を仕入れ，かねて売掛金のある

Ｃ商店（支払人）に為替手形を振り出し，Ｃ商店の引受けを求めてＢ商店に渡した。その後，Ｃ商店は手形の満期日に手形所持人のＢ商店に手形代金を支払う。

これらの一連の手続きを図示すると以下のようになる。

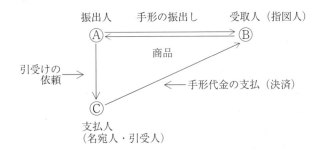

1．振出人Ⓐ……………… 手形を振り出すのみで，手形上の債権・債務
　　　　　　　　　　　　　は生じない。
2．受取人（指図人）Ⓑ………手形代金を受領する権利を有する（債権者）。
3．支払人（名宛人・引受人）Ⓒ…手形代金を支払う義務を有する（債務者）。

---

### *Column*　為替手形における振出人と支払人との関係

　為替手形は振出人が手形代金を支払わずに支払人が支払う。為替手形が振り出される場合には，振出人は支払人に対して支払いを依頼できるような何らかの特別な取引関係が存在するはずである。代表的なケースとしては次の2つのものがある。
　　1　振出人が支払人に事前に支払代金を預けておくケース
　　2　支払人が手形代金を支払わなくてはならない何らかの取引が振出人
　　　との間にあるケース
　これは支払人が振出人に対して何らかの負債（債務）があるケースである。

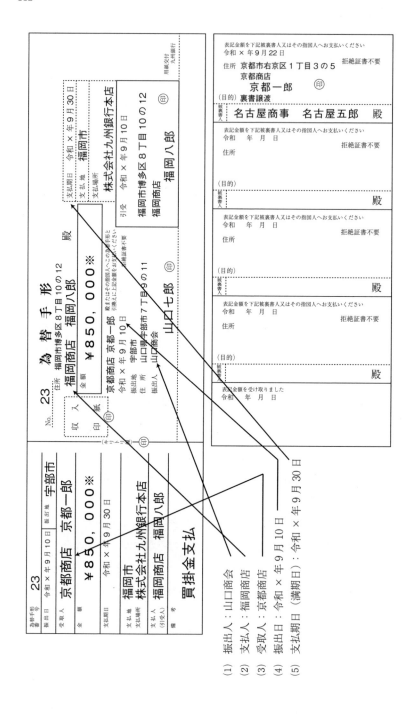

(1) 振出人：山口商会
(2) 支払人：福岡商店
(3) 受取人：京都商店
(4) 振出日：令和×年9月10日
(5) 支払期日（満期日）：令和×年9月30日

## 3　為替手形に関する仕訳（2つの仕訳パターン）

### (1)　買掛金を支払うための為替手形

┌─ **例題4－2** ─────────────────────────────

次の取引について，東京商店，静岡商店，大阪商店の仕訳を示しなさい。

① 　6月1日，東京商店は仕入先大阪商店へ買掛代金支払いのために，かねて売
掛金のある得意先静岡商店宛に為替手形￥500,000（満期日9月30日）を振り
出し，静岡商店の引受けを求めて大阪商店へ渡した。

② 　9月30日，上記為替手形が決済された。

└──────────────────────────────────────────

### 【解　答】

〈東京商店（振出人）〉

① （借）買　　掛　　金　　500,000　　（貸）売　　　掛　　　金　　500,000

② 　仕訳なし

〈大阪商店（受取人）〉

① （借）受　取　手　形　　500,000　　（貸）売　　　掛　　　金　　500,000

② （借）当　座　預　金　　500,000　　（貸）受　取　手　形　　500,000

〈静岡商店（支払人）〉

① （借）買　　掛　　金　　500,000　　（貸）支　払　手　形　　500,000

② （借）支　払　手　形　　500,000　　（貸）当　座　預　金　　500,000

### (2)　商品の仕入代金を支払うための為替手形

┌─ **例題4－3** ─────────────────────────────

次の取引について仕訳を示しなさい。

京都商店は，仙台商店より商品￥300,000を仕入れ，代金は売掛金のある得意先
札幌商店宛の為替手形を振り出して支払った。

└──────────────────────────────────────────

### 【解　答】

〈京都商店（振出人）〉

（借）仕　　　　　入　　300,000　　（貸）売　　掛　　金　　300,000

〈仙台商店（受取人）〉

(借) 受 取 手 形　300,000　(貸) 売　　　　上　300,000

〈札幌商店（支払人）〉

(借) 買 　 掛 　 金　300,000　(貸) 支 払 手 形　300,000

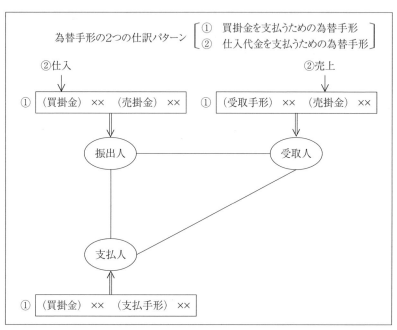

---

## Column 手形と小切手の違いは？

手形と小切手の性質，支払期間には次のような違いがある。

|  | 手　　形 | 小　切　手 |
|---|---|---|
| 性　質 | 決済を先に延ばせる「信用の手段」 | すぐに現金に替えられる「支払いの手段」 |
| 支払ってもらえるまでの期間 | 長期でも可能（通常は2，3か月） | ただちに支払ってもらえる（振出日後10日以内が支払呈示期間） |
| 支払人 | 一般企業 | 金融機関に限る |

## 5 | 手形の裏書

### 1 手形裏書の効果

　振出人Ⓐから手形を受け取ったⒷは，手形の裏面に一定の要件を記載することによって，当該手形を第三者Ⓒに譲渡することができる。これを手形の裏書という。このように裏書を繰り返すことによって，手形は転々と流通することになる。なお，手形の満期日には振出人Ⓐは手形の所持人Ⓒに対して手形代金を支払う義務がある。

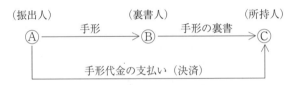

### 2 手形裏書と偶発債務

　手形の満期日に，手形の振出人Ⓐが資金不足等の理由で手形の所持人Ⓒに対して手形金額を支払えない場合がある。これを**手形の不渡り**という。そのような場合には，手形の所持人Ⓒは振出人Ⓐが支払不能状態の場合には，裏書人Ⓑに対して支払いの請求をすることができる。

　裏書人Ⓑにとっては，これは手形が不渡りになった場合にのみ生ずる債務といえる。すなわち振出人Ⓐが満期日に手形代金を支払う義務は，手形を振り出した時点で当然生ずるものであり確定債務といえる。これに対して裏書人Ⓑの手形代金支払義務は，満期日に振出人Ⓐが何らかの理由で手形代金を支払わなかった場合に限り生ずるものである。このような債務を偶発債務という。

### 3 裏書譲渡の会計処理

　裏書譲渡についての仕訳を行う場合には，正確には偶発債務を表示する必要がある。偶発債務を考慮する仕訳には，⑴**評価勘定**を用いる方法と⑵**対照勘定**を用いる方法とがある。

次に手形の裏書に関する会計処理方法をまとめると下記のとおりに示される。

手形の裏書 {
1．偶発債務を考慮しない方法

2．偶発債務を考慮する方法 {
(1) 評価勘定法
(2) 対照勘定法
}
}

---

**例題4－4**

次の取引について仕訳を示しなさい。

① 新宿商店は，四谷商店から商品の売上代金として同店振出しの約束手形 ¥100,000を受け取った。

② 新宿商店は，仕入先千葉商店へ買掛金の支払いとして四谷商店から受け取った約束手形を裏書譲渡した。

③ 満期日に上記手形が決済された。

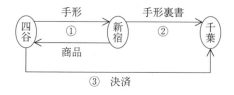

---

**【解 答】**

〈四谷商店（振出人）〉

① （借）仕 入 100,000 （貸）支 払 手 形 100,000

② 仕訳なし

③ （借）支 払 手 形 100,000 （貸）当 座 預 金 100,000

〈新宿商店（裏書人）〉

① （借）受 取 手 形 100,000 （貸）売 上 100,000

② （借）買 掛 金 100,000 （貸）受 取 手 形 100,000

③ 仕訳なし

〈千葉商店（所持人）〉

① 　仕訳なし

② （借）受　取　手　形　　100,000　　（貸）売　　掛　　金　　100,000

③ （借）当　座　預　金　　100,000　　（貸）受　取　手　形　　100,000

## 6 手形の割引

### 1　手形割引の効果

　手形の割引とは，手形の所持人Ⓑが，急にお金が必要となった時に，手形の満期日以前であっても，手形を銀行などの金融機関へ譲渡し，所定の割引料を支払って現金に換えてもらうことをいう。割引料は**手形売却損**（費用の勘定）の借方に記入する。

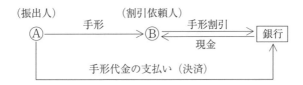

### 2　手形割引と偶発債務

　手形の割引は，実質的には裏書譲渡と同じであるから，偶発債務を表示しなくてはならない。

　ちなみに銀行などの金融機関は，割り引いた手形に関しては満期日まで手形を保管して，振出人Ⓐから手形代金を取り立てることとなる。しかし，振出人Ⓐが支払不能になると，銀行は割引依頼人Ⓑに手形代金を請求する。それゆえ手形の割引も手形の裏書と同様，偶発債務を考慮しなくてはならない。

### 3　手形割引の会計処理

　手形の割引に関する会計処理の方法をまとめると，下記のとおりである。

$$\left.\begin{array}{l}\text{手} \\ \text{形} \\ \text{の} \\ \text{割} \\ \text{引}\end{array}\right\{\begin{array}{l}\text{1．偶発債務を考慮しない方法} \\ \\ \text{2．偶発債務を} \\ \phantom{2．}\text{考慮する方法}\end{array}\left\{\begin{array}{l}\text{(1)　評価勘定法} \\ \\ \text{(2)　対照勘定法}\end{array}\right.\right.$$

---

**例題 4 － 5**

次の取引について仕訳を示しなさい。

① 山口商店は，岡山商店より商品¥200,000を仕入れ，代金は約束手形を振り出して支払った。

② 岡山商店は，山口商店振出しの手形を銀行で割り引き，割引料¥6,000を差し引かれ，残額を当座預金とした。

③ 山口商店は，満期日に手形代金を銀行に対して小切手で支払った。

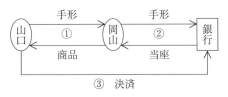

---

**【解　答】**

〈山口商店（振出人）〉

① （借）仕　　　　　入　200,000　　（貸）支　払　手　形　200,000

② 仕訳なし

③ （借）支　払　手　形　200,000　　（貸）当　座　預　金　200,000

〈岡山商店（割引人）〉

① （借）受　取　手　形　200,000　　（貸）売　　　　　上　200,000

② （借）当　座　預　金　194,000　　（貸）受　取　手　形　200,000
　　　　　手 形 売 却 損　　6,000

③ 仕訳なし

---

## 7 受取手形記入帳・支払手形記入帳

(1) **受取手形記入帳**は，受取手形勘定の補助簿であり，手形債権の発生およ

び消滅に関する諸事項を記録する。

(2)　**支払手形記入帳**は，支払手形勘定の補助簿であり，手形債務の発生および消滅に関する諸事項を記録する。

なお，手形を振り出す場合であっても，約束手形を振り出す時には手形債務が生ずるので支払手形記入帳に記載するが，為替手形の振出しは手形債務の発生をともなわない。それゆえ支払手形記入帳への記載は不要である。為替手形の場合には，手形を引き受けた場合に手形債務が発生するので，その時には支払手形記入帳に記入する。

---

**例題 4 - 6**

(1)　次の帳簿の名称を答案用紙の □ に記入し，(2)答案用紙に指示された日付の仕訳を示しなさい。

（　　　　　）記入帳

| 令和○年 | | 摘　要 | 金　額 | 手形種類 | 手形番号 | 受取人 | 振出人 | 振出日 | | 満期日 | | 支払場所 | てん末 | | |
|---|---|---|---|---|---|---|---|---|---|---|---|---|---|---|---|
| | | | | | | | | | | | | | 月 | 日 | 摘　要 |
| 11 | 3 | 仕　入 | 520,000 | 約手 | 31 | 長野商店 | 当　店 | 11 | 3 | 11 | 30 | 京浜銀行 | 11 | 30 | 当座預金口座より引落 |
| | 10 | 買掛金 | 300,000 | 為手 | 12 | 秋田商店 | 滋賀商店 | 11 | 10 | 12 | 20 | 東京銀行 | | | |
| 12 | 5 | 仕　入 | 450,000 | 約手 | 32 | 新潟商店 | 当　店 | 12 | 5 | 12 | 30 | 京浜銀行 | | | |

(1) [　　　　　記入帳　　　　]

(2)

| 取引日 | | 仕　　　　訳 | | | |
|---|---|---|---|---|---|
| | | 借 方 科 目 | 金　　額 | 貸 方 科 目 | 金　　額 |
| 11 | 10 | | | | |
| 〃 | 30 | | | | |
| 12 | 5 | | | | |

（日商簿記検定3級　第106回）

【解　答】

(1)

| 支　払　手　形　　　記入帳 |
|---|

(2)

| 取引日 | | 仕 | | 訳 | |
|---|---|---|---|---|---|
| | | 借　方　科　目 | 金　　　額 | 貸　方　科　目 | 金　　　額 |
| 11 | 10 | 買　　掛　　金 | 300,000 | 支　払　手　形 | 300,000 |
| 〃 | 30 | 支　払　手　形 | 520,000 | 当　座　預　金 | 520,000 |
| 12 | 5 | 仕　　　　　入 | 450,000 | 支　払　手　形 | 450,000 |

---

**例題 4 － 7**

　埼玉商店の平成28年5月中の取引は次のとおりである。それぞれの日付の取引が，答案用紙に示したどの補助簿に記入されるか，該当する補助簿の欄に○印を付して答えなさい。

2日　東京商店より商品￥500,000を仕入れ，代金のうち￥250,000は小切手を振り出して支払い，残額は約束手形を振り出して支払った。

6日　群馬商店に商品￥600,000(原価￥450,000)を売り渡し，代金のうち￥300,000は同店振出しの約束手形で受け取り，残額は掛けとした。なお，当店負担の発送費￥5,000は現金で支払った。

16日　東京商店に対し先月振り出した約束手形￥300,000の支払期日が到来し，取引銀行の当座預金口座から手形金額が引き落とされた。

27日　仕入先茨城商店に対する先月分の掛代金￥400,000の支払いとして，小切手を振り出して支払った。

31日　6日に群馬商店より受け取った約束手形￥￥300,000につき，取引銀行で割引きを行い，割引料￥500を差し引かれ，残額を当座預金とした。

| 日付 | 帳簿 | 現　金出納帳 | 当座預金出納帳 | 商品有高帳 | 売掛金元帳(得意先元帳) | 買掛金元帳(仕入先元帳) | 仕　入　帳 | 売　上　帳 | 受取手形記入帳 | 支払手形記入帳 |
|---|---|---|---|---|---|---|---|---|---|---|
| 5 | 2 | | | | | | | | | |
| | 6 | | | | | | | | | |
| | 16 | | | | | | | | | |
| | 27 | | | | | | | | | |
| | 31 | | | | | | | | | |

（日商簿記検定3級　第143回）

## 【解　答】

| 日付 帳簿 | 現　金 出納帳 | 当座預金 出納帳 | 商品 有高帳 | 売掛金元帳 (得意先元帳) | 買掛金元帳 (仕入先元帳) | 仕 入 帳 | 売 上 帳 | 受取手形 記 入 帳 | 支払手形 記 入 帳 |
|---|---|---|---|---|---|---|---|---|---|
| 2 | | ○ | ○ | | | ○ | | | ○ |
| 6 | ○ | | ○ | ○ | | | ○ | ○ | |
| 5 16 | | ○ | | | | | | | ○ |
| 27 | | ○ | | | ○ | | | | |
| 31 | | ○ | | | | | | ○ | |

## 8 不渡手形

　手形の不渡りとは，振出人が満期日に資金不足等の理由で，手形所持人に手形代金を支払わない状態をいう。手形が不渡りになったとき手形の所持人は，手形の振出人または裏書人に対して，手形代金およびそれに決済日以後の法定利息その他手形の償還請求に要した費用を含めて請求することができる。

　手形が不渡りになったときは，受取手形と区別して，手形代金および上記の諸費用を合計した金額を，不渡手形勘定（資産の勘定）の借方に記入する。この勘定は手形の振出人等への支払請求権を示すものである。

　その後，償還請求した金額が支払われれば，不渡手形勘定の貸方に記入する。

---

**例題 4 - 8**

次の取引について仕訳を示しなさい。

① 長野商店から売掛金¥200,000を回収するにあたり，同店振出しの約束手形を受け取った。

② 上記約束手形が不渡りとなり振出人の長野商店に対して償還請求を行った。なお，償還請求費用¥3,000を現金で支払った。

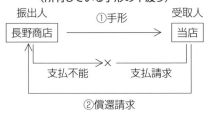

**（所有している手形の不渡り）**

---

**【解答】**

① （借）受 取 手 形　200,000　　（貸）売　　掛　　金　200,000

② （借）不 渡 手 形　203,000　　（貸）受 取 手 形　200,000

　　　　　　　　　　　　　　　　　　　現　　　　金　　 3,000

---

*Column* **手形の不渡り**

　不渡手形を出すと会社の経済的信用は失われる。6か月以内に2度の不渡手形を出すと，手形交換所規則によって銀行取引停止処分がなされ，この処分によって，その手形交換所の加盟金融機関の中では，2年間当座勘定取引をはじめその他の銀行取引ができなくなる。それゆえ不渡手形を出したということは，その会社の「事実上の倒産」を意味している。

## 9 手形の書換え（更改）

　手形の支払期限が到来しても決済できないとき，それは不渡手形となる。それを回避するために，振出人は手形所持人に対して期限の延期を申し出る。そこで旧手形を回収し，期限を延期した新手形を振り出すのである。これを手形の更改という。

---

**例題4－9**

　次の取引について，当店と宮崎商店の仕訳を示しなさい。
　先に仕入先宮崎商店に対する買掛金の支払いのために振り出した約束手形¥50,000の支払期日となったが，資金の都合により宮崎商店の承諾を得て手形の更改を行い，新手形の支払期日までの利息¥1,000を小切手を振り出して支払った。

---

**【解答】**

〈当店〉

| | | | | | |
|---|---|---|---|---|---|
| （借）支　払　手　形 | 50,000 | （貸）支　払　手　形 | 50,000 |
| 　　（旧手形） | | 　　（新手形） | |
| 　　支　払　利　息 | 1,000 | 　　当　座　預　金 | 1,000 |

〈宮崎商店〉

| | | | | | |
|---|---|---|---|---|---|
| （借）受　取　手　形 | 50,000 | （貸）受　取　手　形 | 50,000 |
| 　　（新手形） | | 　　（旧手形） | |
| 　　現　　　　　金 | 1,000 | 　　受　取　利　息 | 1,000 |

## 10 金 融 手 形

　商取引の代金決済手段として利用する手形を商業手形という。これに対して，商取引の背景がなく，単に資金の貸付けや借入れのために振り出される手形を金融手形という。例えば，金銭貸借の際に，借用証書の代わりに手形を振り出すような場合である。なお，商業手形と金融手形の会計処理の相違点は次のとおりである。

(1) 商業手形が振り出された際の手形債権と手形債務は，受取手形（資産の勘定）・支払手形（負債の勘定）で処理する。

(2) 金融手形が振り出された際の手形債権と手形債務は，**手形貸付金**（資産の勘定）・**手形借入金**（負債の勘定）で処理する。なお，手形貸付金および手形借入金は，貸借対照表上は「短期貸付金」および「短期借入金」に含めて表示する。

---

**例題 4 −10**

次の取引について，大阪商店と神戸商店の仕訳を示しなさい。

大阪商店は，約束手形（額面¥100,000）を振り出して神戸商店より¥100,000を借り入れた。利息¥2,000を差し引かれた残額を現金で受け取った。

---

【解 答】

〈大阪商店〉

(借) 現　　　　金　　98,000　　(貸) 手 形 借 入 金　　100,000
　　 支 払 利 息　　 2,000

〈神戸商店〉

(借) 手 形 貸 付 金　100,000　　(貸) 現　　　　金　　98,000
　　　　　　　　　　　　　　　　　受 取 利 息　　 2,000

---

*Column*　**お金を借りる時に振り出す手形……金融手形**

　会社が銀行などの金融機関からお金を借りる場合，会社（借りる側）が金融機関を受取人として手形を振り出す場合がある。これを銀行では手形貸付という。

　金融機関から見ると，借り手がお金を返済しない場合でも，手形の不渡りによる銀行取引停止処分を盾に弁済を強制することができる。また，「手形訴訟」という簡便な方法で短期間（通常2，3か月）に強制執行に移り，手形代金を回収することができるという利点がある。

## 第**5**節 ｜ その他の債権・債務

　債権・債務には，商品の売買取引から生じる債権・債務と，商品売買以外の取引から生じる債権・債務とがある。すでに売掛金・受取手形・買掛金・支払手形などについては説明を終えているので，本節ではその他の債権・債務を処理する勘定について説明する。

### 1 　貸付金と借入金

　金銭の貸借は，通常は借用証書を交わすことによって行われる。

　**貸付金**と借入金は，金銭の貸借によって生じる債権・債務を処理する勘定である。

(1) **貸付金**は，金銭の貸付けによって生ずる債権を表す勘定（資産の勘定）であり，金銭を貸し付けたときに貸付金の借方に記入し，返済を受けたときには貸方に記入する。その時，利息を受け取る場合は，受取利息（収益の勘定）の貸方に記帳する。

(2) **借入金**は，金銭の借入れによって生ずる債務を表す勘定（負債の勘定）であり，金銭を借り入れたときに借入金の貸方に記入する。返済したときには借方に記入する。返済時に利息を支払う場合は，支払利息（費用の勘定）の借方に記帳する。

---

**例題 5 − 1**

　次の取引について仕訳を示しなさい。
　① 　静岡商会は名古屋商会から¥500,000を借り入れ，現金で受け入れた。
　② 　静岡商会は上記金額を返済期日に返済し，利息¥20,000とともに現金で支払った。

---

【解　答】

〈静岡商会〉

　　① （借）現　　　　　　金　　500,000　　（貸）借　　入　　金　　500,000

　　② （借）借　　入　　金　　500,000　　（貸）現　　　　　　金　　520,000

　　　　　　支　払　利　息　　 20,000

〈名古屋商会〉

　　① （借）貸　　付　　金　　500,000　　（貸）現　　　　　　金　　500,000

　　② （借）現　　　　　　金　　520,000　　（貸）貸　　付　　金　　500,000

　　　　　　　　　　　　　　　　　　　　　　　　受　取　利　息　　 20,000

## 2 未収入金と未払金

　会社において商品以外の資産（土地・建物・備品・有価証券等）の売買は，主たる営業取引とはいえない。そこで，このような主たる取引以外の取引によって生じる債権・債務は，**未収入金**（資産の勘定）と**未払金**（負債の勘定）で処理される。これに対して，商品売買のような主たる営業取引から生じた債権・債務は，売掛金・買掛金で処理される。

┌─ 例題5－2 ─────────────────────────────

　次の取引について仕訳を示しなさい。

　① 不用になった空箱を売却し，この代金¥1,800は月末入金の予定である。

　② 月末に現金を受け取った。

└──────────────────────────────────────

【解　答】

　　① （借）未　収　入　金　　1,800　　（貸）雑　　収　　入　　1,800

　　② （借）現　　　　　　金　　1,800　　（貸）未　収　入　金　　1,800

┌─ 例題 5 − 3 ──────────────────────────────────
│
│　次の取引について仕訳を示しなさい。
│　①　プリンター¥40,000を購入し，代金は月末払いとした。
│　②　月末に現金で支払った。
└──────────────────────────────────────────

【解　答】

①　(借) 備　　　　　品　　40,000　　(貸) 未　払　　金　　40,000

②　(借) 未　払　　　金　　40,000　　(貸) 現　　　　金　　40,000

## 3　前払金と前受金

### 1　前払金の支払いと前受金の受取り

　商品などの受渡し前に，内金として購入代金の一部を支払った場合には**前払金**（資産の勘定）で処理し，内金として売却代金の一部を受け取った場合には**前受金**（負債の勘定）で処理する。また，これらと類似するものとして，支払手付金（資産の勘定）と受取手付金（負債の勘定）がある。

　　{・前払金……商品を受け取る権利（資産の勘定）
　　 ・前受金……商品を引き渡す義務（負債の勘定）

### 2　商品の受取りと引渡し

(1)　内金を受け取り，その後商品を引き渡した時は，商品引渡しの義務は消滅したので前受金を消し，売上代金のうち前受金で不足する部分は現金で受け取ることになる。

(2)　内金を支払い，その後商品を受け取った時は，商品受取りの権利は消滅したので前払金を消し，仕入代金のうち前払金で不足する部分は現金で支払うことになる。

┌─ **例題5－4** ─────────────────────────────────────

次の取引について仕訳を示しなさい。
① 東京商店は静岡商店に商品¥50,000を売り渡す契約をし，その内金として¥5,000を現金で受け取った。
② 上記商品を引き渡し，残額を現金で受け取った。

────────────────────────────────────────────────

【解　答】

〈東京商店〉

① （借）現　　　　金　5,000　（貸）前　受　金　5,000

② （借）前　受　金　5,000　（貸）売　　　上　50,000
　　　　現　　　　金　45,000

〈静岡商店〉

① （借）前　払　金　5,000　（貸）現　　　金　5,000

② （借）仕　　　入　50,000　（貸）前　払　金　5,000
　　　　　　　　　　　　　　　　現　　　金　45,000

## ④ 立替金と預り金

(1) **立替金**とは，一時的な立替払いを行う際の債権（資産の勘定）をいい，店内立替金または従業員立替金等で処理する。

(2) **預り金**とは，従業員の給料から源泉徴収される所得税や社会保険料の預り金等を取り扱う。具体的には，所得税預り金や社会保険料預り金等で処理する。これらの預り金は後日，税務署などに納める義務を意味するので負債の勘定である。

┌─ **例題5－5** ─────────────────────────────────────

次の取引について仕訳を示しなさい。
① 従業員の生命保険料¥10,000を会社が現金で立替払いした。
② 会社が立て替えていた保険料¥10,000を従業員が現金で会社に返済した。

────────────────────────────────────────────────

【解　答】

① （借）従業員立替金　　10,000　　（貸）現　　　　金　　10,000

② （借）現　　　　金　　10,000　　（貸）従業員立替金　　10,000

---

例題 5 － 6

次の取引について仕訳を示しなさい。
① 12月分の給料￥2,000,000のうち，所得税の源泉徴収額￥300,000，社会保険料￥100,000を控除し，残額は従業員に現金で支払った。
② 所得税の源泉徴収額￥300,000を税務署に現金で納付した。

---

【解　答】

① （借）給　　　　料　2,000,000　　（貸）所 得 税 預 り 金　　300,000

　　　　　　　　　　　　　　　　　　　　　社会保険料預り金　　100,000

　　　　　　　　　　　　　　　　　　　　　現　　　　金　1,600,000

② （借）所 得 税 預 り 金　300,000　　（貸）現　　　　金　　300,000

---

## 5 仮払金と仮受金

　**仮払金**（資産の勘定）および**仮受金**（負債の勘定）は，(1)金銭の受け払いをしたが，これらを処理する勘定科目または金額が定まらない場合に，それらが確定するまで収支を一時的に処理する仮の勘定である。(2)これらは勘定科目または金額が確定した場合には，それぞれ確定した勘定に振り替える。

### 1 金額が未確定のケース

---

例題 5 － 7

次の取引について仕訳を示しなさい。
① 従業員の出張につき，旅費概算額￥10,000を小切手にて前渡しした。
② 従業員が出張先より帰社し，概算払い￥10,000のうち，旅費として￥9,500を支払ったとの報告を受け残金￥500を現金で受け取った。

【解　答】

① (借) 仮　払　金　　10,000　　(貸) 当 座 預 金　　10,000
② (借) 現　　　金　　　　500　　(貸) 仮　払　金　　10,000
　　　　 旅　　　費　　 9,500

## 2　勘定科目が未確定のケース

┌─ 例題5－8 ─────────────────────────────┐

次の取引について仕訳を示しなさい。
① 出張先の店員より¥50,000の当座振込みがあった。その内容は不明である。
② 同従業員よりの報告があり，¥50,000の送金は，得意先名古屋商店に対する売掛金の回収であることがわかった。

└────────────────────────────────────┘

【解　答】

① (借) 当 座 預 金　　50,000　　(貸) 仮　受　金　　50,000
② (借) 仮　受　金　　50,000　　(貸) 売　掛　金　　50,000

## 6　商　品　券

　デパートなどは商品券を発行するが，(1)商品券を発行したときには，将来その商品券で買い物をした人に対して券面額相当の商品を引き渡す義務が生じるため，負債の増加として商品券勘定の貸方に記入する。商品を引き渡す義務という点では，商品券は前受金と同じ性格を有している。なお，(2)商品券と引き換えに商品の引渡しをした場合には，商品券勘定の借方に記入する。

┌─ 例題5－9 ─────────────────────────────┐

次の取引について仕訳を示しなさい。
① 商品券¥100,000を発行し，現金を受け取った。
② 商品¥150,000を販売し，代金は上記商品券で受け入れ，残額は現金で受け取った。

└────────────────────────────────────┘

【解　答】

① （借）現　　　　金　　100,000　　（貸）商　品　券　　100,000

② （借）商　品　券　　100,000　　（貸）売　　　　上　　150,000

　　　　　現　　　　金　　 50,000

## 7　受取商品券

　受取商品券は，その商品券を発行した店等に対する債権となるので，受取商品券を受け取ったときは受取商品券勘定の借方に記入し，精算が行われたときには受取商品券勘定の貸方に記入する。

---

**例題 5 −10**

次の取引について仕訳を示しなさい。

① 商品¥7,000を販売し，豊橋百貨店の商品券を受け取った。

② 上記商品券の精算を行い，現金¥7,000を受け取った。

---

【解　答】

① （借）受 取 商 品 券　　7,000　　（貸）売　　　　上　　7,000

② （借）現　　　　金　　7,000　　（貸）受 取 商 品 券　　7,000

## 第**6**節 | 有価証券の記帳

### 1 有 価 証 券

有価証券は，具体的には株式・社債・国債などを指している。これらは，その属性または保有目的によって次の4つに分類される。

(1) 売買目的有価証券

(2) 満期保有目的の債券

(3) 子会社株式・関連会社株式

(4) その他有価証券

### 2 売買目的有価証券の取得価額

売買目的有価証券（資産の勘定）の記入については，(1)有価証券を購入したときに取得価額を借方に記入する。このほか，購入に際して証券会社等に買入手数料を支払った場合には，それも有価証券の取得価額に含める必要があるので借方に記入する。(2)有価証券を売却したときには，売却した有価証券についてその取得価額を貸方に記入する。

### 3 売買目的有価証券の売却（有価証券売却損益）

有価証券を売却したときは，その取得原価を売買目的有価証券勘定の貸方に記入する。(1)売却価額が帳簿価額を上回っていれば，差額を**有価証券売却益**（収益の勘定）の貸方に，(2)また反対に，下回っていれば，**有価証券売却損**（費用の勘定）の借方に記入する。

## 1　株式の売買取引

**例題6－1**

次の取引について仕訳を示しなさい。
① 株式2,000株を1株¥320で売買目的のために購入し，代金¥640,000は小切手を振り出して支払った。なお，買入手数料¥20,000は現金で支払った。
② 上記株式1,000株を1株¥400にて売却し，代金¥400,000は現金で受け取った。
③ 決算期末に残りの1,000株について，1株¥300で売却し，代金¥300,000は当座預金口座に振り込まれた。

【解　答】

① （借）売買目的有価証券　　660,000　　（貸）当 座 預 金　640,000
　　　　　　　　　　　　　　　　　　　　　　現　　　　　金　20,000
② （借）現　　　　　金　　400,000　　（貸）売買目的有価証券　330,000
　　　　　　　　　　　　　　　　　　　　　　有価証券売却益　70,000
③ （借）当 座 預 金　　300,000　　（貸）売買目的有価証券　330,000
　　　　有価証券売却損　　30,000

## 2　社債の売買取引

**例題6－2**

次の取引について仕訳を示しなさい。
① 額面¥200,000の社債を1口¥100につき¥97で売買目的により購入し，代金¥194,000は小切手を振り出して支払った。
② 上記社債全部を1口¥100につき¥94で売却し，代金は月末に受け取ることにした。

【解　答】

① （借）売買目的有価証券　194,000　　（貸）当 座 預 金　194,000
② （借）未 収 入 金　　188,000　　（貸）売買目的有価証券　194,000
　　　　有価証券売却損　　6,000

## 4 売買目的有価証券の評価替え（有価証券評価損益）

期末において売買目的有価証券を保有している場合は，決算時に時価によってこれを評価する。

(1) 時価が帳簿価額を下回る場合は，その差額は有価証券評価損（費用の勘定）の借方に記入する。

有価証券評価損＝帳簿価額－時価

(2) 時価が帳簿価額を上回る場合は，その差額は有価証券評価益（収益の勘定）の貸方に記入する。

有価証券評価益＝時価－帳簿価額

---

**例題6－3**

次の取引について仕訳を示しなさい。

① 期中に1株￥730で取得した株式2,000株につき，期末に1株￥700に評価替をする。

② 株式4,000株（簿価1株￥520）につき，決算整理手続きにおいて，その時価￥540円に評価替する。

③ 青山物産株式会社の社債（取得原価￥300,000）を，決算時の時価￥270,000に評価替する。

---

**【解答】**

① （借）有価証券評価損　　60,000　　（貸）売買目的有価証券　　60,000

② （借）売買目的有価証券　　80,000　　（貸）有価証券評価益　　80,000

③ （借）有価証券評価損　　30,000　　（貸）売買目的有価証券　　30,000

## 5 端数利息

公債・社債等の利付債券の売買にあたっては，買主から売主に対して購入代金のほか端数利息を支払う場合がある。次の例題を用いて説明する。

**例題６－４**

次の取引について仕訳を示しなさい。

10月31日に日本商工株式会社社債（額面￥1,000,000，利率年7.3％，利払日６月30日と12月31日の年２回）を＠￥98で売買目的により購入し，購入代金のほかに売買手数料￥10,000と前の利払日の翌日から買入日までの端数利息を含めた合計額は11月10日に支払うことにした。なお，端数利息は１年を365日として日割りで計算する。

（日商簿記検定２級　第73回）

（解　説）

いま社債の取引の当事者を，買主をＡ，売主をＢとしよう。

Ａは，10月31日に社債をＢから購入した。

社債の所有者には利払日に利息が支払われるから，前回の利払日（６月30日）の利息は既に売主のＢが受け取っていた。次回の利払日（12月31日）の利息は全額買主のＡが受け取ることになる。

しかし，この12月31日の利息とは，前回の利払日の翌日７月１日から12月31日までの６か月間の利息である。ところが10月31日までは，まだ社債は売主のＢが所有していたのである。それゆえ７月１日から10月31日までの４か月分の利息は，本来売主Ｂが受け取ることのできる利息である。そこで，この期間の利息は，端数利息として買主Ａから売主Ｂに支払うことになる。

端数利息は，前回の利払日の翌日（７月１日）から売買当日（10月31日）までの利息を計算する。端数利息を支払ったときには，有価証券利息（収益の勘定）の借方に記帳する。

【解　答】

（借）売買目的有価証券　　990,000　　（貸）未　払　金　1,014,600
　　　有 価 証 券 利 息　　 24,600

　　　　　　前回の利払日の翌日から取引日までの日数123日

　　　　　　31日（７月）＋31日（８月）＋30日（９月）＋31日（10月）＝123日

　　　　　　$¥1,000,000 \times 0.073 \times \dfrac{123日}{365日} = ¥24,600$

## 6 有価証券の差入れと預り

　金融機関から資金を借り入れる場合，金融機関からの要求で，所有する有価証券を担保として提供することを有価証券の差入れという。それは相手方から見ると有価証券の預りである。有価証券の差入れや預りでは，有価証券の保管場所が変わるだけで所有権が移転したわけではない。それゆえ簿記上の取引ではないが，手許にある有価証券と区別する意味で帳簿に記帳するのである。差し入れた有価証券は，借入金を返済した時点で金融機関から返却される。

　(1)有価証券を差し入れた場合には，売買目的有価証券から**差入有価証券**（資産の勘定）に，簿価で振り替える。(2)相手方は自己の所有する有価証券と区別するために借方は**保管有価証券**（資産の勘定）で，貸方は**預り有価証券**（負債の勘定）でいずれも担保能力を示すために時価で記帳する。

---

#### 例題6－5

　次の取引について仕訳を示しなさい。
　秋田商店は石川商店より現金￥80,000を借り入れ，担保として手持ちの売買目的で所有している有価証券（帳簿価額￥97,000，時価￥98,000）を差し入れた。

---

【解　答】

〈秋田商店〉

| | | | | | | |
|---|---|---|---|---|---|---|
| （借）現 | 金 | 80,000 | （貸）借 入 | 金 | 80,000 |
| （借）差 入 有 価 証 券 | | 97,000 | （貸）売買目的有価証券 | | 97,000 |

〈石川商店〉

| | | | | | | |
|---|---|---|---|---|---|---|
| （借）貸 付 | 金 | 80,000 | （貸）現 | 金 | 80,000 |
| （借）保 管 有 価 証 券 | | 98,000 | （貸）預 り 有 価 証 券 | | 98,000 |

## 7 有価証券の貸付けと借入れ

　有価証券を貸借する場合には，(1)貸し付けた時は，売買目的有価証券から**貸付有価証券**（資産の勘定）へ簿価で振り替える。(2)また，有価証券を借り入れた時は，貸方には**借入有価証券**（負債の勘定），借方は**保管有価証券**（資産の勘定）を用い，時価で記帳する。

---
**例題6－6**

　次の取引について仕訳を示しなさい。
　香川商店は，松山商店に手持ちの売買目的で所有する有価証券（帳簿価額¥1,020,000，時価¥1,100,000）を貸し付けた。

---

【解　答】

〈香川商店〉

　（借）貸 付 有 価 証 券　1,020,000　　（貸）売買目的有価証券　1,020,000

〈松山商店〉

　（借）保 管 有 価 証 券　1,100,000　　（貸）借 入 有 価 証 券　1,100,000

## 第**7**節 | 固定資産の記帳

### 1 固定資産の意義と特質

#### 1 固定資産の意義

**固定資産**とは，長期間利用されるか，あるいは長期間所有される資産をいう。固定資産は有形固定資産・無形固定資産・投資その他の資産に分類される。

固定資産 ⎰ 有形固定資産
　　　　 ⎨ 無形固定資産
　　　　 ⎱ 投資その他の資産

(1) **有形固定資産**とは，物理的な形態を有する固定資産であり，建物，構築物，機械装置，船舶，車両運搬具，器具備品，土地，建設仮勘定などがある。

(2) **無形固定資産**とは，経営上長期にわたり価値のある無形の資産で，法律上の権利（例：特許権，借地権，商標権）や企業の超過収益力の存在を表す「のれん」などが該当する。

(3) **投資その他の資産**とは，利殖の目的または他企業を自己の支配下におく目的，もしくは他企業との取引関係を有利にする目的をもって長期間にわたって所有するものであり，有価証券，出資金，貸付金などがある。

#### 2 固定資産の特質

固定資産には，他の資産（例：棚卸資産）には見られない特質がある。これを知ることは減価償却を理解するうえで不可欠である。固定資産と棚卸資産をその保有目的や保有期間等について比較すると次のような差異がみられる。

| | 棚　卸　資　産 | 固　定　資　産 |
|---|---|---|
| 保 有 目 的 | 販売目的・短期消費目的 | 使用・利用目的 |
| 保 有 期 間 | 短期保有 | 長期保有 |
| 費 用 配 分 | 販売・消費に伴い数量的に減少<br><br>個別的直接的な費用の把握が可能 | 一体的に利用されるため数量的な<br>消費が明確に認められない<br>予測に基づく見積計算 |
| 勘 定 科 目 | 商品・製品・原材料その他 | 建物・備品・車両その他 |

## 2　固定資産の取得価額

　有形固定資産を他から購入する場合に，一般に引取運賃，荷役費，運送保険料，購入手数料，関税，土地建物等の仲介手数料，登記料，土地の整地費，機械等の据付料，試運転費などの種々の付随費用がかかるが，これらは固定資産の取得価額に加えられる。

　固定資産を自家建設した場合には，適正な原価計算基準による製造原価をもって取得価額とする。

> **例題7－1**
>
> 　次の取引について仕訳を示しなさい。
> 　建物￥5,500,000を購入し，代金は小切手を振り出して支払い，仲介手数料￥200,000と登記料￥25,000は現金で支払った。

【解　答】

　（借）建　　　　　物　5,725,000　　（貸）当　座　預　金　5,500,000
　　　　　　　　　　　　　　　　　　　　　現　　　　　金　　225,000

## 3　減価償却の意義と計算

### 1　減価償却の意義

　固定資産は，一般に，時の経過にともない，あるいはその使用により価値が徐々に減少していく性質を有している。

　減価償却（depreciation）とは，固定資産の価値の減少額を見積り，一定の計算方法によって各事業年度に費用として割り当て，その次期繰越価額を減額することをいう。

　償却性固定資産が価値を減ずる原因としては，時の経過・使用による摩滅などの物質的減価原因と，陳腐化・不適応化などの機能的減価原因が挙げられる。

　なお，土地は一般に減価せず，また，建設中の固定資産（建設仮勘定で処理）は，完成するまで徐々に価値が増加するから減価償却を行わない。

## 2　減価償却費の計算

### (1)　減価償却費計算の3要素

　減価償却によって計上される費用を減価償却費という。減価償却費の計算をする場合には，前提条件として取得価額，残存価額，耐用年数という3つの要素が必要となる。

① **取得価額**は，固定資産の取得形態（例：購入・自家建設等）によってその決定方法がそれぞれ異なるものの，ひとたび決定したならば，減価償却計算の基礎となるため基礎価額とも呼ばれる。

② **残存価額**とは，固定資産の耐用年数到来時に予想される処分可能価額をいう。残存価額は，有形固定資産についてはその取得価額の10%またはゼロとし（税法では残存価額は1円となっている），無形固定資産についてはゼロとしている。

③ **耐用年数**とは，固定資産の使用に耐える年数をいい，実務では法定耐用年数を用いている。

### (2)　減価償却費の計算方法

　減価償却費の計算方法には各種のものがある。ここでは定額法，定率法，生産高比例法について説明する。

① 定　額　法

　　**定額法**とは，要償却額（取得価額−残存価額）を耐用年数にわたって均等に配賦する方法であり，1年分の減価償却額は次の式で計算される。

$$\frac{取得価額-残存価額}{耐用年数}=1年分の減価償却費$$

ここで取得価額¥1,000,000（残存価額は¥100,000），耐用年数5年の各事業年度の減価償却費は，次のようになる。

（¥1,000,000－¥100,000）÷5年＝¥180,000

残存価額がゼロの場合

¥1,000,000÷5年＝¥200,000

② 定　率　法

定率法とは，固定資産の未償却残高（取得価額－期首減価償却累計額）に一定の率を乗ずることによって減価償却費を計算する方法である。この方法では，最初の年度の減価償却費が最も大きく，その後は次第に少なくなっていく。

（取得価額－減価償却累計額）×償却率＝1年分の減価償却費

③ 生産高比例法

この方法は，鉱業用設備，航空機など，減価が主として固定資産の利用に比例して発生し，当該固定資産の総利用可能量が物量的に確定できる固定資産について適用される。

この方法による1年分の減価償却額は，次の算式によって求められる。

$$（取得価額-残存価額）\times\frac{当期利用量}{見積総利用可能量}=1年分の減価償却費$$

---

**例題7－2**

次の資料により，第3年度までの償却額を定額法と定率法によって求めなさい。

（定率法の年償却率：0.2）

資　料

取得価額：¥1,000,000　　耐用年数：9年　　残存価額：取得価額の10%

---

<定額法>　$\dfrac{1,000,000-100,000}{9}=100,000$

＜定率法＞

初年度　$1,000,000 \times 0.2 = 200,000$

2 年度　$(1,000,000 - 200,000) \times 0.2 = 160,000$

3 年度　$\{1,000,000 - (200,000 + 160,000)\} \times 0.2 = 128,000$

【解　答】

| | 定　額　法 | 定　率　法 |
|---|---|---|
| 初 年 度 | 100,000 | 200,000 |
| 2 年 度 | 100,000 | 160,000 |
| 3 年 度 | 100,000 | 128,000 |

---

## *Column*　減価償却費は毎年一定の公式に基づいて計算する

　減価償却費は，一定の公式（定率法・定額法等）に基づいて機械的に計算する。

　商品であれば，仕入れた品物のうち最終的に売れた分だけを売上原価という費用にする。これに対して固定資産は販売を目的とせず一体利用するものであるため「使った分だけ費用にする」とか，「価値が部分的に減った分だけ費用にする」といっても，金額の把握は不可能である。

　このように，固定資産のもつ性質ゆえに，減価償却費は一定の公式にあてはめて機械的に計算せざるをえないのである。

---

## 4　減価償却費の記帳

### 1　直接法と間接法

　減価償却費の記帳方法には，**直接法**と**間接法**の2種類がある。

(1) 直接法は，減価償却額を直接固定資産の貸方に記入して仕訳をする。

| （借）減 価 償 却 費 | ×××　　（貸）固 定 資 産 | ××× |
|---|---|---|

　　　この仕訳を行うと固定資産勘定の残高は繰越価額を表示することになる。

(2) 間接法は，減価償却額を固定資産勘定から直接差し引かず，減価償却累

計額勘定を設けて，これに償却額を累積していく方法である。仕訳で示すと，次のようになる。

| （借）減 価 償 却 費 | ×××　 | （貸）減価償却累計額 | ××× |

　　この方法では，取得価額と償却累計額が明示され，固定資産の帳簿価額は，固定資産勘定に表示された金額から減価償却累計額勘定の金額を差し引いた金額になる。

---

**例題７－３**

　次の取引について仕訳を示しなさい。
　期中（５月１日）に購入した自動車（購入価額￥2,000,000，残存価額￥200,000，耐用年数６年）について，決算（12月31日）にあたり定額法による減価償却を行う。直接法と間接法の仕訳を示すこと。
　（注）　期中に購入しているものは，購入時～決算時までの月数で按分計算する。

---

**【解　答】**

〈直接法〉

　（借）減 価 償 却 費　200,000　　（貸）車　　　　両　200,000

〈間接法〉

　（借）減 価 償 却 費　200,000　　（貸）車両減価償却累計額　200,000

$$\frac{2,000,000-200,000}{6\text{年}} \times \frac{8\text{か月}}{12\text{か月}} = ￥200,000$$

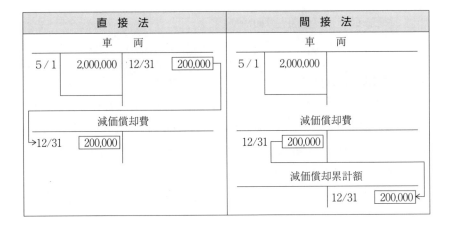

この取引を精算表に記入すると次のようになる。

**＜直接法＞**

精　算　表

| 勘定科目 | 残高試算表 | | 修正記入 | | 損益計算書 | | 貸借対照表 | |
|---|---|---|---|---|---|---|---|---|
| | 借　方 | 貸　方 | 借　方 | 貸　方 | 借　方 | 貸　方 | 借　方 | 貸　方 |
| 車　　　両 | 2,000,000 | | | 200,000 | | | 1,800,000 | |
| 減価償却費 | | | 200,000 | | 200,000 | | | |

**＜間接法＞**

精　算　表

| 勘定科目 | 残高試算表 | | 修正記入 | | 損益計算書 | | 貸借対照表 | |
|---|---|---|---|---|---|---|---|---|
| | 借　方 | 貸　方 | 借　方 | 貸　方 | 借　方 | 貸　方 | 借　方 | 貸　方 |
| 車　　　両 | 2,000,000 | | | | | | 2,000,000 | |
| 減価償却費 | | | 200,000 | | 200,000 | | | |
| 減価償却累計額 | | | | 200,000 | | | | 200,000 |

＜直接法＞

貸　借　対　照　表

| 車　　　両 | 1,800,000 | |
|---|---|---|

＜間接法＞

貸　借　対　照　表

| 車　　　両 | 2,000,000 | |
|---|---|---|
| 減価償却累計額 | 200,000 | 1,800,000 |

## 2　固定資産の帳簿価額

　固定資産は減価償却が行われる。したがって，決算日すなわち期末時点の帳簿上の現在価値を知ることが必要である。この現在価値のことを帳簿価額（簿価）という。帳簿価額を知るためには次の2つのケースがある。（図参照）

　(1)　直接法……固定資産の勘定のみで表示される

　(2)　間接法……固定資産の取得価額－減価償却累計額で求めることができる

<直接法>

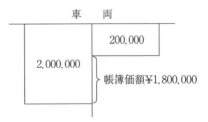

<間接法>

---

## 5　固定資産の売却

┌─ 例題7-4 ─────────────────────────────

次の取引について仕訳を示しなさい。直接法と間接法の仕訳を示すこと。

① 期首に営業用の車を1台¥2,400,000で購入し，自動車取得税¥100,000を含めた代金を後払いとした。

② 決算にあたり，定額法で減価償却費（1年分）を計上した。残存価額を取得原価の10%，耐用年数を15年とする。

③ 決算日の翌日，上記の車を¥2,100,000で売却し，代金は現金で受け取った。

└──────────────────────────────────────

**（解　説）**

① 自動車取得税¥100,000は取得価額に含める。

　　→車両の取得原価は¥2,400,000＋¥100,000＝¥2,500,000

② 1年間車両を使用したので減価償却費を計上する。

$$\frac{¥2,500,000 - ¥250,000}{15年} = \frac{¥2,250,000}{15年} = ¥150,000$$

146

③　売却による損益を計算する。

　　帳 簿 価 額 － 売 却 価 額 ＝ 売　却　損
　　¥2,350,000　　¥2,100,000　　¥250,000

【解　答】

〈直接法〉

①（借）車　　　　両 2,500,000 （貸）未　　払　　金 2,500,000

②（借）減 価 償 却 費 150,000 （貸）車　　　　両 150,000

③（借）現　　　　金 2,100,000 （貸）車　　　　両 2,350,000

　　　車 両 売 却 損 250,000

〈間接法〉

①（借）車　　　　両 2,500,000 （貸）未　　払　　金 2,500,000

②（借）減 価 償 却 費 150,000 （貸）減価償却累計額 150,000

③（借）現　　　　金 2,100,000 （貸）車　　　　両 2,500,000

　　　減価償却累計額 150,000

　　　車 両 売 却 損 250,000

## 6　固定資産の買換え

　固定資産を取得する場合，今まで使用していた固定資産を下取りに出し，新しい固定資産を取得することがある。これを固定資産の買換えといい，会計処理にあたっては，①古い資産の売却と②新しい資産の購入とに分解して仕訳し，③最後に①と②の仕訳を合わせる方法を用いると理解しやすい。

### 例題 7 － 5

　次の取引について仕訳を示しなさい。
　車両（取得原価¥2,000,000，減価償却累計額¥800,000）を¥700,000で下取りに出し，新車¥2,500,000を取得した。購入価額と下取価額との差額¥1,800,000は現金で支払った。

（解　説）

次の①②③の順序で仕訳する。

①　古い資産の売却

（借）未　収　入　金　　700,000　　（貸）車　　　　　　両　2,000,000
　　　減価償却累計額　　800,000
　　　車　両　売　却　損　　500,000

②　新しい資産の購入

（借）車　　　　　　両　2,500,000　　（貸）未　収　入　金　　700,000
　　　　　　　　　　　　　　　　　　　　　現　　　　　　金　1,800,000

③　買換え（①と②の仕訳を合わせる）

（借）車　　　　　　両　2,500,000　　（貸）車　　　　　　両　2,000,000
　　　減価償却累計額　　800,000　　　　　現　　　　　　金　1,800,000
　　　車　両　売　却　損　　500,000

【解　答】

（借）車　　　　　　両　2,500,000　　（貸）車　　　　　　両　2,000,000
　　　減価償却累計額　　800,000　　　　　現　　　　　　金　1,800,000
　　　車　両　売　却　損　　500,000

## 第8節 | 営　業　費

### 1 営業費の意義と種類

営業費とは，企業が活動を行う際に発生する費用をいう。

営業費には，次のようなものがある。

　給料，発送費，広告宣伝費，旅費交通費，通信費，保険料，消耗品費，修繕費，水道光熱費，支払家賃，支払地代，支払手数料，貸倒引当金繰入，減価償却費，雑費等。

### 2 営業費の記帳

　営業費を支払ったとき，または営業費を計上したときに，①営業費の内容を示す個々の勘定に記帳する方法と，②個々の勘定を設けないで一括して「営業費」勘定で処理する方法がある。

---

**例題8－1**

次の取引について仕訳を示しなさい。

　6月25日　水道光熱費￥5,000，通信費￥8,000，雑費￥2,000を現金で支払った。

---

【解　答】

① 個別勘定を設けて記帳

　　（借）水　道　光　熱　費　　5,000　　　（貸）現　　　　　金　　15,000

　　　　　通　　信　　費　　8,000

　　　　　雑　　　　　費　　2,000

② 営業費勘定を設けて記帳

　　（借）営　　業　　費　　15,000　　　（貸）現　　　　　金　　15,000

総　勘　定　元　帳

営　業　費

現　　金　　15,000

営　業　費　内　訳　帳

水　道　光　熱　費

| 令和〇年 | 摘　　要 | 借　　方 | 貸　　方 | 借または貸 | 残　　高 |
|---|---|---|---|---|---|
| 6 25 | 電 気 料 金 | 5,000 | | 借 | 5,000 |

通　信　費

| 令和〇年 | 摘　　要 | 借　　方 | 貸　　方 | 借または貸 | 残　　高 |
|---|---|---|---|---|---|
| 6 25 | 電 話 代 | 8,000 | | 借 | 8,000 |

雑　　費

| 令和〇年 | 摘　　要 | 借　　方 | 貸　　方 | 借または貸 | 残　　高 |
|---|---|---|---|---|---|
| 6 25 | お 茶 代 | 2,000 | | 借 | 2,000 |

---

**例題8－2**

　次の取引の仕訳を営業費勘定で用いる方法で行い，総勘定元帳の営業費と営業費内訳帳に記入しなさい。

　7月1日　交通費￥4,000を現金で支払った。

　　5日　社員の出張旅費￥30,000を現金で支払った。

　　10日　7月分の支払手数料￥8,000を小切手を振り出して支払った。

| | 借 方 科 目 | 金　　額 | 貸 方 科 目 | 金　　額 |
|---|---|---|---|---|
| 7/ 1 | | | | |
| 7/ 5 | | | | |
| 7/10 | | | | |

総 勘 定 元 帳

営 業 費

---------

営 業 費 内 訳 帳

旅 費 交 通 費

| 令和〇年 | 摘　　　　要 | 貸　　方 | 借　　方 | 貸または借 | 残　　高 |
|---|---|---|---|---|---|
| | | | | | |
| | | | | | |

支 払 手 数 料

| | | | | | |
|---|---|---|---|---|---|

**【解　答】**

| | 借 方 科 目 | 金　　額 | 貸 方 科 目 | 金　　額 |
|---|---|---|---|---|
| 7/1 | 旅 費 交 通 費 | 4,000 | 現　　金 | 4,000 |
| 7/5 | 旅 費 交 通 費 | 30,000 | 現　　金 | 30,000 |
| 7/10 | 支 払 手 数 料 | 8,000 | 当 座 預 金 | 8,000 |

総 勘 定 元 帳

営 業 費

| 7/1 現　　金 | 4,000 | |
|---|---|---|
| 7/5　　〃 | 30,000 | |
| 7/10 当 座 預 金 | 8,000 | |

営 業 費 内 訳 帳

旅 費 交 通 費

| 令和〇年 | | 摘　　　　要 | 貸　　方 | 借　　方 | 貸または借 | 残　　高 |
|---|---|---|---|---|---|---|
| 7 | 1 | 交　　通　　費 | 4,000 | | 借 | 4,000 |
| | 5 | 出 張 旅 費 | 30,000 | | 〃 | 34,000 |

支 払 手 数 料

| 7 | 10 | 7 月 分 手 数 料 | 8,000 | | 借 | 8,000 |
|---|---|---|---|---|---|---|

## 第**9**節 | 資本会計

### 1 個人企業

#### 1　個人企業における元入れ・追加元入れ・引出し

　個人企業では，企業主が企業に出資した資本金額の増減を資本金勘定で処理する。(1)資本金勘定の貸方には，最初の元入額（出資額）とその後の追加元入れ（増資額）を記入し，(2)借方には，引出額（減資額）を記入する。

　引出しとは，企業主が家計費として支出したり，個人的消費などの目的のために，企業の資産を減少させる場合をいう。

#### 2　個人企業における利益

　個人企業では決算の結果算出された純損益は，損益勘定から資本金勘定に振り替える手続きをとる。その場合，(1)当期純利益は資本金の増加を意味しているので，資本金勘定の貸方に記入する。(2)また，当期純損失は資本金の減少を意味しているので，資本金勘定の借方に記入する。

資　本　金

| 引　出　額<br>（減資額） | 元　入　額 |
|---|---|
|  | 追加元入額<br>（増資額） |
| 純　損　失 | 純　利　益 |

　資本金の増減を生ずる取引をまとめると次のとおりである。

資本金の増減を生ずる取引 { 1．資本金を直接増減させることを目的とした取引（資本取引）{ a．出資・増資 / b．減資 } / 2．営業活動の結果として資本金が増減する取引（損益取引）{ a．当期純利益 / b．当期純損失 } }

## 3 引 出 金

　上記の引出しが頻繁に行われる場合は，その都度資本金勘定の借方に記入しないで，引出金勘定を設けその借方にいったん記入する。この場合には期末に引出金勘定の借方合計額は，資本金勘定の借方に振り替え資本金をマイナスする。

**【個人企業の資本金勘定の締切の勘定図】**

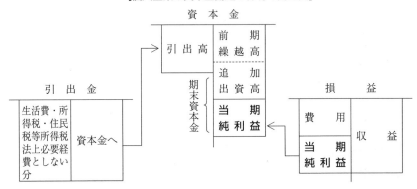

---

**例題9－1**

　次の一連の取引について仕訳を示しなさい。
①　店主が事業を拡張するため，現金￥30,000を追加出資した。
②　店主が私用のために現金￥10,000と商品￥30,000（原価）を引き出した。
③　期末決算において，②の引出金勘定残高￥40,000を資本金勘定に振り替える。
④　期末決算において，当期純利益￥50,000を資本金勘定に振り替える。

**【解　答】**

| | | | | | | | | |
|---|---|---|---|---|---|---|---|---|
| ①（借）現 | 金 | 30,000 | （貸）資 | 本 | 金 | 30,000 |
| ②（借）引 出 | 金 | 40,000 | （貸）現 | 金 | 10,000 |
| | | | 仕 | 入 | 30,000 |
| ③（借）資 本 | 金 | 40,000 | （貸）引 出 | 金 | 40,000 |
| ④（借）損 | 益 | 50,000 | （貸）資 本 | 金 | 50,000 |

# ② 法人企業

## 1 会　　社

　会社とは，利益の追求を目的とする団体であり，法律上「人」として扱われることになる。会社には「合名会社」「合資会社」「合同会社」「株式会社」の4種類がある。

## 2 株式会社

　株式会社とは，出資者を募り，元手（資本）を調達するシステムをいう。株式会社の設立にあたり会社に出資をした人たちは，会社の所有者としての地位（株式）を取得し，会社に対して一定の権利を行使することができる。また，この株式を所有する人を株主といい，これを証券化したものを株券という。

　株主は，会社から配当金を受け取る権利や議決権などをもつ会社の所有者である。

　株主は資金を出し，経営は取締役に任せる。これを所有と経営の分離という。

## 3 資本（純資産）

　資本（株主資本または自己資本）とは，資金の調達源泉の一つで，資産と負債の差額で求めたものである。資本は基本的に株主の持分を表し，純資産ともいわれる。ただし，今日の貸借対照表では，資産，負債，資本（株主資本）のいずれにも属さない項目があるため，貸借対照表では資本を純資産として，「株主資本」とその他の項目に区別する。

貸借対照表

| 資　　産 | 負　　債 | |
| | 純資産 | 株主資本 |
| | | その他 |

154

## (1) 株主資本の分類

　株主資本は，株主からの出資額である元手と企業の経済活動から獲得したもうけから成り，資本金，資本剰余金，利益剰余金に分類される。

| 株主資本 | 株主からの払込を源泉とする株主資本 | 資　本　金 | | 元手 |
| | | 資本剰余金 | 資本準備金 | |
| | | | その他資本剰余金 | |
| | 会社が獲得した利益を源泉とする株主資本 | 利益剰余金 | 利益準備金 | もうけ |
| | | | その他利益準備金 | |

## (2) 資　本　金

　株式会社会計上，資本金とは，会社法の定めに従い計上される金額である。基本的に，資本金は株主からの払込資本の一部である。会社法では，株式を発行した場合，原則として，払込金額のうち2分の1を超えない額は資本金として計上しないことができる。

## (3) 資本剰余金

　資本剰余金は，株主からの払込資本のうち資本金以外のものをいう。資本剰余金は，①会社法によって積立てが強制されている資本準備金と②資本準備金以外の資本剰余金であるその他資本剰余金に分かれる。

　　① 資本準備金

　　　資本準備金とは，株主の払込資本のうち資本金以外の部分で会社法の定めにより会社が計上した額である。

　　② その他資本剰余金

　　　その他資本剰余金とは，資本準備金以外の資本剰余金であり，自己株式処分差益などが該当する。

## (4) 利益剰余金

　利益剰余金とは，企業の経済活動から生じた純資産の増加部分であり，利益を源泉とするものいう。

① 利益準備金

　　利益準備金とは，会社法の規定に基づき，債権者を保護するため，強制的に積み立てられた留保利益をいう。具体的には，配当金の10分の1を，資本準備金の額とあわせて資本金の4分の1に達するまで積み立てなければならない。

② 繰越利益剰余金

　　繰越利益剰余金とは，利益準備金および任意積立金以外の利益剰余金であり，株主総会等の決議により，配当および処分が決定される。

## 4　株式の発行

　株式会社は，株式を発行して資金調達を行う。設立後において，定款※で定めた授権株式数（発行可能株式総数）の範囲内で，新株式を発行して資金調達（増資）を行うことができる。

　※　定款：会社の目的，名称，組織などを定めた会社の根本規則。

### (1)　資本金組入額

　会社が株式を発行して調達した資金は，会社法の規定により，その払込金額を資本金勘定（資本）で処理する。ただし，払込金額の一部を資本金としないで資本準備金勘定（株式払込剰余金）で処理することができる。

---

① 原則……払込金額の全額を資本金とする

② 例外……払込金額の2分の1の額を資本金の最低限度額とし，残余部分を資本準備金（株式払込剰余金）とする

---

### (2)　会 計 処 理

---

① 原則

　　（借）現 金 預 金　　　××　　（貸）資　　本　　金　　××

② 例外

　　（借）現 金 預 金　　　××　　（貸）資　　本　　金　　××

　　　　　　　　　　　　　　　　　　　　資 本 準 備 金　　××

---

---

**例題 9 - 2**

次の取引について仕訳を示しなさい。

静岡株式会社は，会社の設立にあたり，株式2,000株を1株の払込金額￥500で発行し，全株式の払込みを受け，払込金額は当座預金とした。

---

【解　答】

　　　（借）当 座 預 金　1,000,000　　（貸）資 　本 　金※　1,000,000

　　※　￥500（1株の払込金額）×2,000株（発行株式数）＝￥1,000,000（資本金）

なお，この場合は，原則として全額を資本金としなければならないが，例外として，払込金額￥1,000,000の2分の1以内，つまり￥500,000までは資本金としないことができる。

## 5　剰余金の配当と処分

　株式会社は，決算において当期純利益を計算すると，どのように利益（利益剰余金）を配当したり処分したりするかを株主総会で決める。これを利益剰余金の配当と処分という。

　利益剰余金の配当とは，株主に対する利益の分配として現金を支出することをいい，会社財産が社外に流出するものをいう。また，利益剰余金の処分とは，利益準備金などを積み立てることをいい，現金などの会社財産が社外に流出しないものをいう。

(1)　**社外流出項目（現金などの社外流出をともなうもの）**

　株主配当金：株主に対する利益の分配。

(2)　**社内留保項目（剰余金の処分項目）**

　利益準備金：会社法により，その積立てが強制される利益の留保額。

## 6　当期純利益の振替え

　株式会社の当期純利益は，損益勘定で計算され，繰越利益剰余金勘定（資

本）に振り替えられる。

　決算において計算された当期純利益は，株主総会まで，処分の決まっていない剰余金として繰越利益剰余金勘定に振り替える。

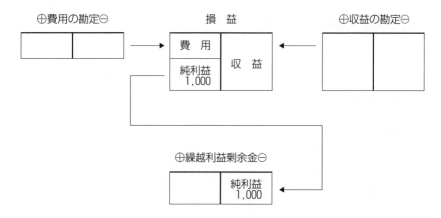

---

**例題９－３**

　次の取引について仕訳を示しなさい。
　静岡株式会社は，第１期決算において当期純利益￥1,000を計上した。

【解　答】

　（借）損　　　　　益　　　1,000　　（貸）繰越利益剰余金　　　1,000

　なお，当期純損失の場合も，損益勘定で計算され，繰越利益剰余金勘定（資本）の借方に振り替えられる。

　仕訳で表すと，

　（借）繰越利益剰余金　　　1,000　　（貸）損　　　　　益　　　1,000

である。

## 第10節 │ 税　　金

### 1 租税公課

　租税公課とは国や地方に納める税金（租税）と公共団体へ納める会費や罰金など（公課）を合わせた名称である。

#### (1) 税金の分類

　税金は，会計上，次のように分類される。

① 利益に課せられるもの

　　法人税・住民税・事業税（あわせて「法人税等」という）

② 消費という事実に対して課せられるもの

　　消費税

③ 上記以外のもの

・ 費用となるもの

　　固定資産税・印紙税など（支出時または発生時に租税公課として処理）

・ 資産の付随費用となるもの

　　不動産取得税・登録免許税など（原則として，資産の取得原価として処理）

### 2 消　費　税

　消費税は国内における商品の販売やサービスの提供に課税される税金である。この税金は製造および流通の過程で段階的に課税されるが，最終的には，商品を購入したりサービスの提供を受ける消費者が負担することになる（間接税）。

#### (1) 消費税の会計処理

　消費税の会計処理には，税抜方式と税込方式の2つの方法がある。

① 税抜方式による処理

　　税抜方式とは，消費税額を売上や仕入等に含めずに，区分して処理する方法であり，消費税を支払ったとき，仮払消費税勘定（資産）で処理する。

　　また，消費税を受け取ったとき，受け取った消費税は，消費者に代わって納付するために預かったと考えることから，仮受消費税勘定（負債）で処理しておく。

　　決算時に，預かった消費税（仮受消費税）から支払った消費税（仮払消費税）を差し引いた差額は納税額として，未払消費税勘定（負債）で処理する。

仕入時（消費税を支払ったとき）

　　（借）仕　　　　　　入　　×××　　（貸）買　掛　金　　×××
　　　　　仮 払 消 費 税　　×××

売上時（消費税を受け取ったとき）

　　（借）現　　　　　金　　×××　　（貸）売　　　　上　　×××
　　　　　　　　　　　　　　　　　　　　　　仮 受 消 費 税　　×××

決算時

　　（借）仮 受 消 費 税　　×××　　（貸）仮 払 消 費 税　　×××
　　　　　　　　　　　　　　　　　　　　　　未 払 消 費 税　　×××

---

**例題10－1**

次の取引について仕訳を示しなさい。
商品を¥10,000で仕入れ，代金は掛けとした。なお，消費税率は10%である。

【解　答】

　　（借）仕　　　　　　入　　10,000　　（貸）買　掛　金　　11,000
　　　　　仮 払 消 費 税＊　　1,000

　　　＊　¥10,000×10％＝¥1,000（消費税）

---

**例題10－2**

次の取引について仕訳を示しなさい。
商品を¥30,000で販売し，代金は掛けとした。なお，消費税率は10%である。

【解　答】

　　（借）売　掛　金　　33,000　　（貸）売　　　　　　上　　30,000

　　　　　　　　　　　　　　　　　　　　　　仮 受 消 費 税＊　　 3,000

　　　＊　￥30,000×10％＝￥3,000（消費税）

---

**例題10－3**

　　次の取引について仕訳を示しなさい。

　　本日決算につき，消費税の仮払分￥1,000と仮受分￥3,000を相殺し，納付額を確定する。

---

【解　答】

　　（借）仮 受 消 費 税　　 3,000　　（貸）仮 払 消 費 税　　 1,000

　　　　　　　　　　　　　　　　　　　　　　未 払 消 費 税　　 2,000

　②　税込方式による処理

　　　税込方式とは，消費税額を売上や仕入等と区別せずに，含めて処理する方法である。

仕入時（消費税を支払ったとき）

　　（借）仕　　　　　　入　　×××　　（貸）買　掛　　金　　×××

売上時（消費税を受け取ったとき）

　　（借）売　掛　　金　　×××　　（貸）売　　　　　　上　　×××

決算時

　　（借）租 税 公 課　　×××　　（貸）未 払 消 費 税　　×××

---

**例題10－4**

　　次の取引について仕訳を示しなさい。

　　商品を￥10,000で仕入れ，代金は掛けとした。なお，消費税率は10％である。

---

【解　答】

　　（借）仕　　　　　入　　11,000　　（貸）買　　掛　　金　　11,000

　　　　￥10,000＋￥10,000×10％＝￥11,000

---

例題10－5

　次の取引について仕訳を示しなさい。

　商品を￥30,000で販売し，代金は掛けとした。なお，消費税率は10％である。

【解　答】

　　（借）売　　掛　　金　　33,000　　（貸）売　　　　　上　　33,000

　　　　￥30,000＋￥30,000×10％＝￥33,000

---

例題10－6

　次の取引について仕訳を示しなさい。

　本日決算につき，消費税の仮払分￥1,000と仮受分￥3,000を相殺し，納付額を確定する。

【解　答】

　　（借）租　税　公　課　　2,000　　（貸）未　払　消　費　税　　2,000

## 3 　法　人　税　等

　法人税等は，一定期間内に企業が獲得した利益などに基づいて計算される。したがって，決算において法人税等（法人税，住民税及び事業税）の金額を計算する。ただし，企業は期中において，前期の法人税額などに基づいて半額の法人税等を中間申告納付する場合がある。この中間申告納付額は，1年分の法人税等が確定していないため，仮払法人税等勘定（資産）に記帳する。そして，決算においては，確定した税額から控除して，未払法人税等を計上する。

中間申告納付時

  （借）仮 払 法 人 税 等 　　×××　　（貸）現 金 預 金 　　×××

決算時

  （借）法人税, 住民税及び事業税 　　×××　　（貸）仮 払 法 人 税 等 　　×××

              未 払 法 人 税 等 　　×××

確定申告納付時

  （借）未 払 法 人 税 等 　　×××　　（貸）現 金 預 金 　　×××

---

**例題10－7**

　次の取引について仕訳を示しなさい。
　静岡株式会社（決算年1回，3月31日）は，法人税の中間申告を行い，税額
¥300,000（法人税¥250,000，住民税¥20,000，事業税¥30,000）を小切手を振り
出して納付した。

---

【解　答】

10／31

  （借）仮 払 法 人 税 等＊　300,000　　（貸）当 座 預 金　300,000

  ＊　「仮払法人税等」は「仮払金」とすることもある。

---

**例題10－8**

　次の取引について仕訳を示しなさい。
　静岡株式会社では，決算の結果，確定した税引前当期純利益について法人税が
¥650,000と計算された。なお，この金額から中間納付額¥300,000を控除した金額
を未払分として計上した。

---

【解　答】

  （借）法人税, 住民税及び事業税　　650,000　　（貸）仮 払 法 人 税 等　300,000

                未 払 法 人 税 等　350,000

### 例題10－9

次の取引について仕訳を示しなさい。

静岡株式会社では，決算の結果，法人税について確定申告を行い，未払分 ¥350,000を小切手を振り出して納付した。

【解　答】

（借）未 払 法 人 税 等　　350,000　　（貸）当 座 預 金　　350,000

## 第1節 | 決　算（その2）

### 1 決算手続き（period-end procedures）

　本節では，決算手続きを1つの商品販売会社の設例をとおして決算棚卸表の作成，決算整理仕訳，8桁精算表，決算振替仕訳，財務諸表の作成を行う。

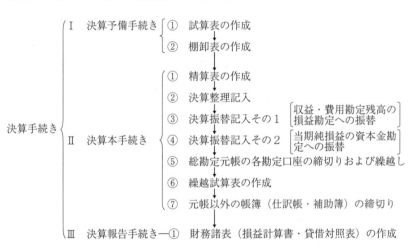

### 2 決算整理記入

#### 1 決算整理記入の必要性

　第1章第5節で説明したように，試算表を作成することによって総勘定元帳の記録の正否が検証される。しかしながら，企業の適正な経営成績と財政状態の計算を行うためには，さらに決算時での修正が必要となる。なぜならば，元帳の記入が正確に行われていても，期中における元帳の記入は原則として取引

に基づいて行われるが，それ以外の「取引として表われない損益の発生や財産の増減」は，元帳には一切記入されないからである。例えば，棚卸資産の整理，固定資産の価値の減少，費用・収益の見越し・繰延べなどがその例である。したがって，これらの事項については，決算にあたって「元帳の残高」を「実際の有高または価値」に一致させるための修正が必要となる。これを**決算整理記入**（period-end adjusting entries）という。

## 2　決算整理事項

決算整理記入は商企業の場合，通常，次の決算整理事項について行われる。

① 棚卸資産についての整理（売上原価の計算）

② 貸倒引当金の設定

③ 固定資産の減価償却費の計上

④ 現金過不足等の仮勘定科目の整理

⑤ 資産の評価替（有価証券など）

⑥ 繰延資産の償却

⑦ 引出金の整理（個人企業の場合）

⑧ 費用・収益の見越し・繰延べの計上など

そこで，元帳残高の整理修正を必要とする事項（**決算整理事項**）をあらかじめ1つの表にまとめておくと，決算本手続きを円滑に行うことが可能になる。この表を棚卸表という。この棚卸表に基づいて元帳に決算整理記入が行われるのである。

決算整理事項のために必要な仕訳を**決算整理仕訳**または**決算修正仕訳**といい，仕訳帳への記入手順は次のように示される。

仕　訳　帳

| 日　付 | 摘　　　　要 | 元丁 | 借　方 | 貸　方 |
|---|---|---|---|---|
| 1／1 | 前 期 繰 越 | | ××× | ××× |
| 〃 | ⋮ | | | |
| 12／31 | 期中取引合計 | | ×××× | ×××× |
| | 決算整理仕訳 | | | |
| | ⋮ | | | |
| 12／31 | 合　　　計 | | ×××× | ×××× |
| | 決算振替仕訳 | | | |
| | ⋮ | | | |
| | | | ×××× | ×××× |

外部取引の仕訳 →

元帳の記入を整理修正する仕訳 →

帳簿を締め切るための仕訳 →

## 3 費用・収益の繰延べ・見越し

　今日の簿記・会計では，発生主義に基づいて期間損益計算が行われており，そこでは費用と収益との比較によって当期純利益が算定される。したがって，現金の支出と収入によって計算されるわけではない。

　決算にあたっては，(1)当期に属しない費用・収益は，現金の収支が完了していてもこれを除去して次期へ繰り延べる，(2)当期に属する費用・収益は，現金の収支に関係なく計上する，という会計処理が行われることになる。これを**費用・収益の繰延べ・見越し**という。

　このような会計処理が行われるのは，一定の契約に従い，継続して役務の提供を受ける場合あるいは役務の提供を行う場合である。

　例えば，不動産の賃貸借契約・金銭消費貸借契約・保険契約などの契約に基づいて地代・家賃・利息の受取りや支払いが行われたり，保険料の支払いが行われるケースである。

### 1　費用・収益の繰延べ（前払費用・前受収益）

　(1)　前払費用は，既に支払いが行われた費用の中に，次期以降の費用となる

額（前払分）が含まれている場合には，当期の費用からその次期以降の費用となる額をマイナスするとともに資産（前払費用）として次期に繰り越す。

(2) 前受収益は，すでに収入が行われた収益の中に，次期以降の収益となる額（前受分）が含まれている場合には，当期の収益からその次期以降の収益となる額をマイナスするとともに負債（前受収益）として次期に繰り越す。

## 2　費用・収益の見越し（未払費用・未収収益）

(1) 未払費用は，いまだ支払いが行われていないが当期に属する費用である。それは当期の費用に加えるとともに負債（未払費用）として次期に繰り越す。

(2) 未収収益は，いまだ収入が行われていないが当期に属する収益であり，当期の収益に加えるとともに資産（未収収益）として次期に繰り越す。

## 3　経過勘定の貸借対照表における表示

さて，費用・収益の繰延べ・見越しを処理するために設けられる勘定を**決算整理勘定**（経過勘定ともいう，deferred and accrued accounts）といい，前払費用，前受収益，未払費用，未収収益がある。これら4つの勘定科目はいずれも貸借対照表に記載される。

(1)前払費用と未収収益は，資産に属する勘定であり，(2)未払費用と前受収益は，負債に属する勘定である。

貸　借　対　照　表

| 資　産 | 前払費用 | ××× | 未払費用 | ××× | 負　債 |
|---|---|---|---|---|---|
| | 未収収益 | ××× | 前受収益 | ××× | |

## 4　費用・収益の繰延べの具体例

### 1　前 払 費 用

当期に支払った保険料，地代，家賃，利息等を当期の費用として計上したが，その中に次期以降の費用に属するものが含まれているとき（例えば，当期中に当期分の保険料だけでなく翌年度分の保険料も一括して支払ったような場合）は，当期

末の決算時に，当期の費用から次期分をマイナスするとともに，その次期分は
これを前払費用（資産の勘定）に振り替えて次期以降に繰り延べなければなら
ない。これを費用の繰延べといい，具体的な勘定科目としては前払保険料，前
払家賃，前払利息等がある。

　なお，前払費用は，次期以降において費用となるものである。そこで次期の
最初の日付で再び元の費用勘定へ振り戻しておく。これを再振替仕訳という。

---

**例題1－1**

次の取引について仕訳を示しなさい。
① 11月1日　　家賃6か月分（11/ 1～4/30）¥6,000を一括して現金で支払った。
② 12月31日　　決算にあたり，家賃4か月分（1/ 1～4/30）を次期に繰り延べた。
③ 1月1日　　前払家賃を支払家賃勘定に振り替える。（再振替仕訳）

**【解　答】**

① 11月1日　　（借）支 払 家 賃 6,000　　（貸）現　　　　　金 6,000
② 12月31日　　（借）前 払 家 賃 4,000　　（貸）支 払 家 賃 4,000
③ 1月1日　　（借）支 払 家 賃 4,000　　（貸）前 払 家 賃 4,000

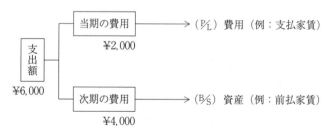

## 2　前 受 収 益

　当期に受け取った地代，家賃，利息等を当期の収益として計上したが，その
中に次期以降の収益に属するものが含まれているとき（例えば，当期中に当期分

の家賃だけでなく翌年度分の家賃も一括して受け取ったような場合）は，当期末の決算時に，当期の収益から次期分をマイナスするとともに，その次期分はこれを前受収益（負債の勘定）に振り替えて次期以降に繰り延べなければならない。これを収益の繰延べといい，具体的な勘定科目としては前受家賃，前受利息等がある。

　なお，前受収益は，次期以降において収益となるものである。そこで次期の最初の日付で再び元の収益勘定へ振り戻しておく。これを再振替仕訳という。

---

**例題1－2**

次の取引について仕訳を示しなさい。
① 11月 1日　　家賃6か月分（11/ 1～4/30）¥6,000を一括して現金で受け取った。
② 12月31日　　決算にあたり，家賃4か月分（1/ 1～4/30）を次期に繰り延べた。
③ 1月 1日　　前受家賃を受取家賃勘定に振り替える。（再振替仕訳）

---

【解　答】

① 11月 1日　　（借）現　　　　　金　6,000　　（貸）受 取 家 賃　6,000

② 12月31日　　（借）受 取 家 賃　4,000　　（貸）前 受 家 賃　4,000

③ 1月 1日　　（借）前 受 家 賃　4,000　　（貸）受 取 家 賃　4,000

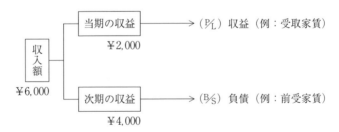

## 5 費用・収益の見越しの具体例

### 1　未払費用

借家契約等に基づいて，建物を賃借して一定期間が経過し，既に支払家賃という費用が発生しているにもかかわらず未だ現金の支払いがなされていない場合には，決算時にその支払家賃の金額を当期の費用（支払家賃）に計上するとともに，未払い分を未払費用（この場合は未払家賃，負債の勘定）に計上し，次期に繰り越さなければならない。これを費用の見越しといい，費用の未払い分を未払費用という。具体的な勘定科目としては未払家賃のほか，未払地代，未払利息等がある。

なお，未払費用は，次期の最初の日付で再び元の費用勘定へ振り戻しておく。これを再振替仕訳という。

---

**例題１－３**

次の取引について仕訳を示しなさい。
① 11月１日　本日建物を６か月間（11/ 1～4/30）借りる契約をした。
　　　　　　　（６か月分の家賃¥6,000は契約終了日の４月30日に一括して支払う約束になっている）
② 12月31日　決算にあたり，家賃２か月分（11/ 1～12/31）¥2,000を計上する。
③ 1月１日　未払家賃を支払家賃勘定に振り替える。（再振替仕訳）

---

【解　答】

① 11月１日　　仕訳不要
② 12月31日　　（借）支 払 家 賃 2,000　　（貸）未 払 家 賃 2,000
③ 1月１日　　（借）未 払 家 賃 2,000　　（貸）支 払 家 賃 2,000

### 2　未収収益

貸し金契約や貸家契約等に基づいて，既に受取利息や受取家賃という収益が

発生しているにもかかわらず未だ現金の受取りがなされていない場合には，決算時にその受取利息や受取家賃の金額を当期の収益に計上するとともに，未収分を未収収益（この場合は未収利息や未収家賃，資産の勘定）に計上し，次期に繰り越さなければならない。これを収益の見越しといい，収益の未収分を未収収益という。具体的には未収利息・未収家賃のほか，未収地代等がある。

なお，未収収益は，次期の最初の日付で再び元の収益勘定へ振り戻しておく。これを再振替仕訳という。

---

**例題1－4**

次の取引について仕訳を示しなさい。
① 11月1日　　本日，建物を6か月間（11/ 1～4/30）貸す契約をした。（6か月分の家賃¥6,000は契約終了日の4月30日に一括して受け取る約束になっている。）
② 12月31日　決算にあたり，家賃2か月分（11/ 1～12/31）の未収分¥2,000を計上する。
③ 1月1日　　未収家賃を受取家賃勘定に振り替える。（再振替仕訳）

---

【解　答】

① 11月1日　　仕訳不要

② 12月31日　（借）未 収 家 賃 2,000　　（貸）受 取 家 賃 2,000

③ 1月1日　　（借）受 取 家 賃 2,000　　（貸）未 収 家 賃 2,000

〔再　振　替〕

既に見たように，未払費用・未収収益・前払費用・前受収益勘定の繰越高は，次期の最初の日付（期首）で，もとの費用・収益勘定へ振り戻し記入しておく必要がある。これを**再振替**といい，そのための仕訳を**再振替仕訳**（reversing entry）という。再振替仕訳は決算で行った仕訳の反対仕訳（借方と貸方の勘定科目を入れ替える）をすればよい。

このような再振替を行う理由としては，次の2点が考えられる。

① 決算整理勘定は決算時以外には記入しない勘定であるから，開始記入に
あたって再振替が必要であるため

② 次期に至るとこれらは費用・収益となる分であるため

## 6 消耗品

事務用品などの消耗品を一定量まとめて買い入れたとき，期末の決算時にお
ける簿記の処理法には次の2つの方法が考えられる。

① 購入時に消耗品費（費用勘定）で処理し，期末において未使用高を**消耗
品**（資産勘定）へ振り替える方法

② 購入時に消耗品（資産の勘定）で処理し，期末に使用高を**消耗品費**（費用
勘定）へ振り替える方法

---

【事　例】
　期中に購入した消耗品の総額は¥50,000であり，期末時点における未使用高は
¥10,000であった場合の仕訳を2種類の方法によって示しなさい。

（第1法）購入時に消耗品費で処理する方法
購入時の仕訳
　（借）消　耗　品　費　50,000　（貸）現　　　　　金　50,000
決算整理仕訳
　（借）消　　耗　　品　10,000　（貸）消　耗　品　費　10,000

（第2法）購入時に消耗品で処理する方法
購入時の仕訳
　（借）消　　耗　　品　50,000　（貸）現　　　　　金　50,000

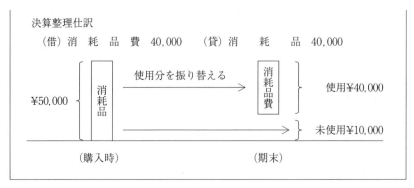

決算整理仕訳
（借）消　耗　品　費　40,000　（貸）消　耗　品　40,000

使用分を振り替える

¥50,000　消耗品　消耗品費　使用¥40,000

未使用¥10,000

（購入時）　　　（期末）

　この場合，どちらの処理法をとっても，消耗品使用分（¥40,000）が消耗品費（費用の勘定）に，未使用分（¥10,000）が消耗品（資産の勘定）にそれぞれ振り替えられる。

消耗品の取得原価　使用………消耗品費（費用）→¥40,000
¥50,000　　　未使用……消　耗　品（資産）→¥10,000

## 第2節 │ 決算手続き―設例

### 1 │ 8桁精算表の作成

　6桁精算表に決算整理記入を行うための修正記入欄（整理記入欄）を加えたものが**8桁精算表**（eight-column work sheet）である。

精　算　表

| 勘定科目 | 残高試算表 | | 修 正 記 入 | | 損益計算書 | | 貸借対照表 | |
|---|---|---|---|---|---|---|---|---|
| | 借　方 | 貸　方 | 借　方 | 貸　方 | 借　方 | 貸　方 | 借　方 | 貸　方 |
| | 元帳記入の正確性を検証 | | 元帳記入を整理修正 | | 一定期間の経営成績を表示 | | 一定時点の財政状態を表示 | |

　記入の手順としては基本的には6桁精算表と同じである。しかし，修正記入欄が入ることで若干複雑になる。すなわち，(1)残高試算表の金額を残高試算表欄に記入して締め切り，(2)決算整理仕訳を修正記入欄の各勘定の行に記入し，(3)それによって修正計算をしてから損益計算書欄（P/L欄）あるいは貸借対照表欄（B/S欄）に移記する。その場合，各勘定ごとに試算表欄の金額と修正記入欄の金額を組み合わせて計算することになる。

精　算　表

| 勘定科目 | 残高試算表 | | 修 正 記 入 | | 損益計算書 | | 貸借対照表 | |
|---|---|---|---|---|---|---|---|---|
| | 借　方 | 貸　方 | 借　方 | 貸　方 | 借　方 | 貸　方 | 借　方 | 貸　方 |
| 資産の勘定 | 600 | | ⊕　×× | ⊖　×× | | | 680 | |
| 負債の勘定 | | 280 | ⊖　×× | ⊕　×× | | | | 320 |
| 資本の勘定 | | 300 | ⊖　×× | ⊕　×× | | | | 300 |
| 収益の勘定 | | 310 | ⊖　×× | ⊕　×× | | 360 | | |
| 費用の勘定 | 290 | | ⊕　×× | ⊖　×× | 300 | | | |
| 当期純利益 | | | | | 60 | | | 60 |
| | 890 | 890 | ×× | ×× | 360 | 360 | 680 | 680 |

　**(注)**　損益計算書欄・貸借対照表欄の金額は修正後の金額を示す。

**例題 2 - 1**

(1) 次の決算整理事項について決算整理仕訳を示しなさい。

(2) 8桁精算表を作成し，期末資本の額を求めなさい。

決算整理事項

① 保険料の前払分が¥4,000ある。

② 支払利息の未払分が¥10,000ある。

③ 受取手数料の未収分が¥3,000ある。

④ 消耗品の未使用高が¥7,000ある。

精　算　表

令和××年12月31日

| 勘定科目 | 元丁 | 残高試算表 借方 | 残高試算表 貸方 | 修正記入 借方 | 修正記入 貸方 | 損益計算書 借方 | 損益計算書 貸方 | 貸借対照表 借方 | 貸借対照表 貸方 |
|---|---|---|---|---|---|---|---|---|---|
| 現　　　金 | 1 | 1,130,000 | | | | | | | |
| 当座預金 | 2 | 800,000 | | | | | | | |
| 借　入　金 | 3 | | 700,000 | | | | | | |
| 資　本　金 | 4 | | 1,000,000 | | | | | | |
| 受取手数料 | 5 | | 1,300,000 | | | | | | |
| 給　　　料 | 6 | 300,000 | | | | | | | |
| 保　険　料 | 7 | 32,000 | | | | | | | |
| 営　業　費 | 8 | 500,000 | | | | | | | |
| 消耗品費 | 9 | 18,000 | | | | | | | |
| 支払家賃 | 10 | 200,000 | | | | | | | |
| 支払利息 | 11 | 20,000 | | | | | | | |
| | | 3,000,000 | 3,000,000 | | | | | | |
| | | | | | | | | | |

費用　収益　資産　負債　純資産

期末資本金　[　　　　　　　]

**【解 答】**

(1)①　（借）前 払 保 険 料　4,000　　（貸）保 　険 　料　4,000

　②　（借）支 払 利 息　10,000　　（貸）未 払 利 息　10,000

　③　（借）未 収 手 数 料　3,000　　（貸）受 取 手 数 料　3,000

　④　（借）消 　耗 　品　7,000　　（貸）消 耗 品 費　7,000

(2)

精　算　表

令和××年12月31日

| 勘定科目 | 元丁 | 残高試算表 借方 | 残高試算表 貸方 | 修正記入 借方 | 修正記入 貸方 | 損益計算書 借方 [費用] | 損益計算書 貸方 [収益] | 貸借対照表 借方 [資産] | 貸借対照表 貸方 [負債][純資産] |
|---|---|---|---|---|---|---|---|---|---|
| 現　　　金 | 1 | 1,130,000 | | | | | | 1,130,000 | |
| 当 座 預 金 | 2 | 800,000 | | | | | | 800,000 | |
| 借 入 金 | 3 | | 700,000 | | | | | | 700,000 |
| 資 本 金 | 4 | | 1,000,000 | | | | | | 1,000,000 |
| 受 取 手 数 料 | 5 | | 1,300,000 | | 3,000 | | 1,303,000 | | |
| 給　　　料 | 6 | 300,000 | | | | 300,000 | | | |
| 保 険 料 | 7 | 32,000 | | | 4,000 | 28,000 | | | |
| 営 業 費 | 8 | 500,000 | | | | 500,000 | | | |
| 消 耗 品 費 | 9 | 18,000 | | | 7,000 | 11,000 | | | |
| 支 払 家 賃 | 10 | 200,000 | | | | 200,000 | | | |
| 支 払 利 息 | 11 | 20,000 | | 10,000 | | 30,000 | | | |
| | | 3,000,000 | 3,000,000 | | | | | | |
| 前 払 保 険 料 | 12 | | | 4,000 | | | | 4,000 | |
| 未 払 利 息 | 13 | | | | 10,000 | | | | 10,000 |
| 未 収 手 数 料 | 14 | | | 3,000 | | | | 3,000 | |
| 消 　耗 　品 | 15 | | | 7,000 | | | | 7,000 | |
| **当期純利益** | | | | | | (234,000) | | | 234,000 |
| | | | | 24,000 | 24,000 | 1,303,000 | 1,303,000 | 1,944,000 | 1,944,000 |

**(注)**　（　）内は赤字記入を示す。

期末資本金　　￥1,234,000

＝期首資本金1,000,000＋当期純利益234,000

## 2 棚卸減耗損・商品評価損

　商品の有高についての帳簿の残高は帳簿棚卸高といい，それは必ずしも実際の有高を示しているとは限らない。そこで，商品の在庫について，その数量・品質を実際に調査してその価額を決定する手続きが必要となる。これを実地棚卸という。

　商品有高帳の残高（帳簿棚卸高）と実地棚卸高との差額は，通常，商品の盗難・腐敗・漏損などの原因で生ずることが多く，これは棚卸減耗損として処理する。また，商品評価損は，商品の値下がりによって生ずる損失である。

---

**例題2－2**

　次の資料に基づいて決算整理仕訳を示しなさい。商品の評価は収益性の低下によっている（なお，売上原価の計算は，仕入勘定を用いて行うこととする）。

　　商品期首棚卸高　　　　　　￥　10,000
　　当期商品仕入高　　　　　　￥ 100,000
　　商品期末棚卸高
　　（イ）帳簿棚卸数量　　200個　　　　実地棚卸数量　　190個
　　（ロ）原　　　　価　@￥100　　　　正味売却価額　@￥98

---

**【解　答】**

　①（借）仕　　　　　入　10,000　（貸）繰　越　商　品　10,000

　②（借）繰　越　商　品　20,000　（貸）仕　　　　　入　20,000

　③（借）棚　卸　減　耗　損　1,000　（貸）繰　越　商　品　1,000

　④（借）商　品　評　価　損　　380　（貸）繰　越　商　品　　380

　（参考）　商品評価損を売上原価の内訳科目とした場合の仕訳

　⑤（借）仕　　　　　入　　380　（貸）商　品　評　価　損　　380

（解　説）

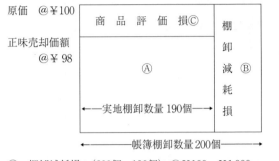

⒝　棚卸減耗損：（200個－190個）×@￥100＝￥1,000…………（P/L）
ⓒ　商品評価損：190個×（@￥100－@￥98）＝￥380 …………（P/L）
ⓐ　繰越商品：190個×@￥98＝￥18,620 ……………………（B/S）

精算表の記入を示すと次のようになる。

### 精　算　表

| 勘定科目 | 残高試算表 | | 修 正 記 入 | | 損益計算書 | | 貸借対照表 | |
|---|---|---|---|---|---|---|---|---|
| | 借　方 | 貸　方 | 借　方 | 貸　方 | 借　方 | 貸　方 | 借　方 | 貸　方 |
| 繰越商品 | 10,000 | ·······➤ | ②20,000 | ①10,000 | ·······➤ | | 18,620 | |
| | | | | ③ 1,000 | | | | |
| | | | | ④ 380 | | | | |
| 仕　　入 | 100,000 | ·······➤ | ①10,000 | ②20,000 | 90,000 | | | |
| 棚卸減耗損 | | | ③ 1,000 | ·······➤ | 1,000 | | | |
| 商品評価損 | | | ④ 380 | ·······➤ | 380 | | | |

# 3 決算整理事項 (period-end adjustments)

決算の流れの中で，試算表を作成（決算予備手続き）することによって総勘定元帳記入の正確性が確かめられたならば，次に各勘定の帳簿残高を，実際の有高または価額に一致させなければならない。この手続きを決算整理（決算修正）と呼び，また，整理される事項を決算整理事項（決算修正事項）と呼ぶ。

決算整理事項として処理されなければならないもののうち，この節では，以下の事項が設例に含まれている。

1．現金過不足勘定の整理

2．棚卸資産についての整理（売上原価の計算）

3．固定資産の減価償却費の計上

4．貸倒引当金の設定

5．売買目的有価証券の評価替え

6．消耗品の未使用高の計上

7．費用・収益勘定の整理

8．引出金勘定の振替え

## 4 決算棚卸表

　決算整理事項を調査し，各勘定の実際有高を一表にまとめたものを決算棚卸表という。本節の設例は次の決算整理事項が必要である。

### 棚　卸　表
令和×年12月31日

| 勘 定 科 目 | 摘　　　　要 | 内　訳 | 金　額 |
|---|---|---|---|
| 現　　　　　　金 | 帳簿高 | 3,200 | |
| | 現金不足（原因不明） | 1,500 | 1,700 |
| 繰　越　商　品 | 帳簿棚卸高　A商品100個　@¥100 | 10,000 | |
| | B商品 25個　@¥ 50 | 1,250 | 11,250 |
| 備　　　　　　品 | 取得原価 | 7,000 | |
| | 減価償却累計額 | 2,800 | 4,200 |
| | （残存価額10％，耐用年数9年，定額法） | | |
| 売　　掛　　金 | 期末残高 | 45,000 | |
| | 貸倒引当金（期末残高の3％） | 1,350 | 43,650 |
| 売買目的有価証券 | 取得原価　1,000株　@¥50 | 50,000 | |
| | 評価損　1,000株　@¥ 5 | 5,000 | 45,000 |
| 消　耗　品　費 | 消耗品支払額 | 800 | |
| | 未使用高 | 100 | 700 |
| 給　　　　　　料 | 給料支払額 | 20,000 | |
| | 未払分 | 7,000 | 27,000 |
| 受　取　利　息 | 利息受取額 | 5,600 | |
| | 未収分 | 1,400 | 7,000 |
| 保　　険　　料 | 支払保険料額（1年分） | 12,000 | |
| | 未経過分（2か月分） | 2,000 | 10,000 |
| 受　取　手　数　料 | 受取手数料（1年分） | 88,000 | |
| | 未経過分（6か月分） | 44,000 | 44,000 |
| 引　　出　　金 | | 45,000 | |

## 5 決算整理仕訳（period-end adjusting entries）と精算表

上記 4 の棚卸表の決算整理事項および下記の資料に基づいて，決算整理仕訳を行うと次のとおりである。

決算整理前の残高：繰越商品　　　　¥8,000

貸倒引当金　　　　¥1,300

減価償却累計額　¥2,100

1．現金過不足勘定の整理

（借）雑　　損　　失　　1,500　　（貸）現 金 過 不 足　　1,500

2．棚卸資産についての整理（仕入勘定で売上原価を計算する場合）

(a) 期首商品棚卸高を，仕入勘定へ振り替える。

（借）仕　　　　入　　8,000　　（貸）繰 越 商 品　　8,000

(b) 期末商品棚卸高を，仕入勘定から繰越商品勘定へ振り替える。

（借）繰 越 商 品　11,250　　（貸）仕　　　　入　　11,250

3．固定資産の減価償却費の計上

減価償却費は（¥7,000×0.9）÷9年＝¥700で，決算整理前の減価償却累計額の¥2,100に当期減価償却分¥700を加算することにより，期末減価償却累計額は，¥2,800となる。また，備品の帳簿価額は，¥7,000−¥2,800＝¥4,200である。

（借）減 価 償 却 費　　700　　（貸）減価償却累計額　　700

4．貸倒引当金の設定（差額補充法で処理する場合）

貸倒引当金の当期設定額は，売掛金期末残高¥45,000×0.03＝¥1,350である。この金額から決算整理前の残高¥1,300を差し引いた¥50をあらたに貸倒引当金に繰り入れる。

（借）貸倒引当金繰入　　50　　（貸）貸 倒 引 当 金　　50

5．有価証券の評価替え

（借）有価証券評価損　　5,000　　（貸）売買目的有価証券　5,000

６．消耗品未使用高の計上

  （借）消　耗　品　　　100　　　（貸）消 耗 品 費　　　100

７．費用・収益勘定の整理

  (a)　（借）給　　　料　　7,000　　　（貸）未 払 給 料　　7,000

  (b)　（借）未 収 利 息　　1,400　　　（貸）受 取 利 息　　1,400

  (c)　次期２か月分の保険料＝（¥12,000÷12×2）＝¥2,000

   （借）前 払 保 険 料　　2,000　　　（貸）保　　険　　料　　2,000

  (d)　次期６か月分の受取手数料＝（¥88,000÷12×6）＝¥44,000

   （借）受 取 手 数 料　　44,000　　　（貸）前 受 手 数 料　　44,000

８．引当金勘定の振替え

  （借）資　本　金　　45,000　　　（貸）引　出　金　　45,000


 精算表とは，残高試算表の金額について棚卸表の数値によって修正記入をし，損益勘定（損益計算書の原型）と残高勘定（貸借対照表の原型）を作成する手続きを一覧表にしたものをいい，次のように作成される。

184

精　算　表
令和×年12月31日

| 勘定科目 | 残高試算表 借方 | 残高試算表 貸方 | 修正記入 借方 | 修正記入 貸方 | 損益計算書 借方 | 損益計算書 貸方 | 貸借対照表 借方 | 貸借対照表 貸方 |
|---|---|---|---|---|---|---|---|---|
| 現　　　金 | 1,700 | | | | | | 1,700 | |
| 現 金 過 不 足 | 1,500 | | | 1,500 | | | | |
| 当 座 預 金 | 112,000 | | | | | | 112,000 | |
| 売 　掛 　金 | 45,000 | | | | | | 45,000 | |
| 売買目的有価証券 | 50,000 | | | 5,000 | | | 45,000 | |
| 繰 越 商 品 | 8,000 | | 11,250 | 8,000 | | | 11,250 | |
| 備　　　品 | 7,000 | | | | | | 7,000 | |
| 買 　掛 　金 | | 7,000 | | | | | | 7,000 |
| 貸 倒 引 当 金 | | 1,300 | | 50 | | | | 1,350 |
| 減価償却累計額 | | 2,100 | | 700 | | | | 2,800 |
| 資 　本 　金 | | 188,000 | 45,000 | | | | | 143,000 |
| 引 　出 　金 | 45,000 | | | 45,000 | | | | |
| 売　　　上 | | 66,000 | | | | 66,000 | | |
| 受 取 手 数 料 | | 88,000 | 44,000 | | | 44,000 | | |
| 受 取 利 息 | | 5,600 | | 1,400 | | 7,000 | | |
| 仕 　　　入 | 54,000 | | 8,000 | 11,250 | 50,750 | | | |
| 給 　　　料 | 20,000 | | 7,000 | | 27,000 | | | |
| 消 耗 品 費 | 800 | | | 100 | 700 | | | |
| 保 　険 　料 | 12,000 | | | 2,000 | 10,000 | | | |
| 支 払 利 息 | 1,000 | | | | 1,000 | | | |
| | 358,000 | 358,000 | | | | | | |
| 雑 　損 　失 | | | 1,500 | | 1,500 | | | |
| 減 価 償 却 費 | | | 700 | | 700 | | | |
| 貸倒引当金繰入 | | | 50 | | 50 | | | |
| 有価証券評価損 | | | 5,000 | | 5,000 | | | |
| 消 　耗 　品 | | | 100 | | | | 100 | |
| 未 払 給 料 | | | | 7,000 | | | | 7,000 |
| 未 収 利 息 | | | 1,400 | | | | 1,400 | |
| 前 払 保 険 料 | | | 2,000 | | | | 2,000 | |
| 前 受 手 数 料 | | | | 44,000 | | | | 44,000 |
| (当期純利益) | | | | | (20,300) | | | 20,300 |
| | | | 126,000 | 126,000 | 117,000 | 117,000 | 225,450 | 225,450 |

(注)（　）内は赤字記入を示す。

## 6　決算振替仕訳（period-end closing entries）

　決算振替仕訳とは収益と費用に属する勘定を，損益勘定の貸方および借方に振り替え，その差額（当期純利益または純損失）を最終的に資本金勘定へ振り替える仕訳である。決算振替仕訳には次の3つがある。

　1．各収益勘定から損益勘定への振替え

　　　（借）売　　　　　上　　66,000　　（貸）損　　　　　益　117,000

　　　　　受 取 手 数 料　　44,000

　　　　　受 取 利 息　　　 7,000

　2．各費用勘定から損益勘定への振替え

　　　（借）損　　　　　益　　96,700　　（貸）仕　　　　　入　　50,750

　　　　　　　　　　　　　　　　　　　　　　給　　　　　料　　27,000

　　　　　　　　　　　　　　　　　　　　　　消 耗 品 費　　　　700

　　　　　　　　　　　　　　　　　　　　　　保 険 料　　　　10,000

　　　　　　　　　　　　　　　　　　　　　　支 払 利 息　　　1,000

　　　　　　　　　　　　　　　　　　　　　　雑 損 失　　　　 1,500

　　　　　　　　　　　　　　　　　　　　　　減 価 償 却 費　　　700

　　　　　　　　　　　　　　　　　　　　　　貸倒引当金繰入　　　 50

　　　　　　　　　　　　　　　　　　　　　　有価証券評価損　　5,000

　3．純損益（貸借差額）の損益勘定から資本金勘定への振替え

　　　（借）損　　　　　益　　20,300　　（貸）資　　本　　金　20,300

## 7　財 務 諸 表（financial statements）の作成

　決算本手続きを終了した時点で，決算報告手続きである財務諸表の作成を行う。本章の ⑤ で例示された精算表の損益計算書および貸借対照表欄に基づいて，勘定式による損益計算書（income statement）と貸借対照表（balance sheet）を作成すると次のとおりである。

　なお，損益計算書および貸借対照表の作成にあたっては，それらが外部報告

を目的とするものであることから，内容を明瞭に表示する必要がある。そのため，一部の勘定科目名は変更して表示する。例えば，損益計算書では，仕入勘定の残高を売上原価と表示し，売上勘定の残高を売上高と表示する。貸借対照表では，繰越商品勘定の残高を商品と表示する。

### 損益計算書
自令和×年1月1日　至令和×年12月31日

| | | | |
|---|---:|---|---:|
| 売 上 原 価 | 50,750 | 売 上 高 | 66,000 |
| 給 料 | 27,000 | 受 取 家 賃 | 44,000 |
| 消 耗 品 費 | 700 | 受 取 利 息 | 7,000 |
| 保 険 料 | 10,000 | | |
| 減価償却費 | 700 | | |
| 貸倒引当金繰入 | 50 | | |
| 支 払 利 息 | 1,000 | | |
| 有価証券評価損 | 5,000 | | |
| 雑 損 失 | 1,500 | | |
| （当期純利益） | （20,300） | | |
| | 117,000 | | 117,000 |

### 貸 借 対 照 表
令和×年12月31日

| 資 産 | | 金 額 | 負債・純資産 | 金 額 |
|---|---:|---:|---|---:|
| 現 金 | | 1,700 | 買 掛 金 | 7,000 |
| 当 座 預 金 | | 112,000 | 前 受 収 益 | 44,000 |
| 売 掛 金 | 45,000 | | 未 払 費 用 | 7,000 |
| 貸倒引当金 | （1,350） | 43,650 | 資 本 金 | 143,000 |
| 商 品 | | 11,250 | 当期純利益 | 20,300 |
| 有 価 証 券 | | 45,000 | | |
| 消 耗 品 | | 100 | | |
| 未 収 収 益 | | 1,400 | | |
| 前 払 費 用 | | 2,000 | | |
| 備 品 | 7,000 | | | |
| 減価償却累計額 | （2,800） | 4,200 | | |
| | | 221,300 | | 221,300 |

## 第**3**節 │ 大陸式決算法と英米式決算法

### 1 帳簿の締切方法

　総勘定元帳の締切方法には，大陸式決算法と英米式決算法がある。本節では，この２つの方法を説明するのに次の(1)総勘定元帳の勘定記録および(2)それに基づいて作成された精算表（修正前の残高試算表および修正記入欄は省略してある）の設例をとおして，帳簿の締切りの説明を進めていく。

### (1) 設例：総勘定元帳（決算修正後）

| | 現　　金 | | 1 |
|---|---|---|---|
| 12/ 1 | 6,500 | 12/21 | 13,000 |
| 12/11 | 30,000 | 12/25 | 14,000 |
| 12/21 | 31,000 | 12/27 | 26,200 |

| | 売　掛　金 | | 2 |
|---|---|---|---|
| 12/ 1 | 5,000 | | |
| 12/28 | 45,000 | | |

| | 繰 越 商 品 | | 3 |
|---|---|---|---|
| 12/ 1 | 20,000 | 12／31 | 20,000 |
| 12/31 | 11,000 | | |

| | 備　　品 | | 4 |
|---|---|---|---|
| 12/ 1 | 75,100 | | |

| | 買　掛　金 | | 5 |
|---|---|---|---|
| | | 12/ 1 | 1,700 |
| | | 12/31 | 30,000 |

| | 貸倒引当金 | | 6 |
|---|---|---|---|
| | | 12/ 1 | 1,500 |
| | | 12/31 | 540 |

| | 減価償却累計額 | | 7 |
|---|---|---|---|
| | | 12/ 1 | 23,400 |
| | | 12/31 | 400 |

| | 資　本　金 | | 8 |
|---|---|---|---|
| | | 12/ 1 | 80,000 |

| | 売　　上 | | 9 |
|---|---|---|---|
| | | 12/11 | 30,000 |
| | | 12/21 | 31,000 |
| | | 12/28 | 45,000 |

| | 仕　　入 | | 10 |
|---|---|---|---|
| 12/27 | 56,200 | 12/31 | 11,000 |
| 12/31 | 20,000 | | |

| | 給　　料 | | 11 |
|---|---|---|---|
| 12/25 | 14,000 | | |

| | 支 払 家 賃 | | 12 |
|---|---|---|---|
| 12/21 | 13,000 | | |

| | 減価償却費 | | 13 |
|---|---|---|---|
| 12/31 | 400 | | |

| | 貸倒引当金繰入 | | 14 |
|---|---|---|---|
| 12/31 | 540 | | |

(2) **設例：精算表**

精　算　表

| 勘定科目 | 元丁 | 修正後残高試算表 | | 損益計算書 | | 貸借対照表 | |
|---|---|---|---|---|---|---|---|
| | | 借　方 | 貸　方 | 借　方 | 貸　方 | 借　方 | 貸　方 |
| 現　　　　金 | 1 | 14,300 | | | | 14,300 | |
| 売　掛　金 | 2 | 50,000 | | | | 50,000 | |
| 繰　越　商　品 | 3 | 11,000 | | | | 11,000 | |
| 備　　　　品 | 4 | 75,100 | | | | 75,100 | |
| 買　掛　金 | 5 | | 31,700 | | | | 31,700 |
| 貸　倒　引　当　金 | 6 | | 2,040 | | | | 2,040 |
| 減価償却累計額 | 7 | | 23,800 | | | | 23,800 |
| 資　本　金 | 8 | | 80,000 | | | | 80,000 |
| 売　　　　上 | 9 | | 106,000 | | 106,000 | | |
| 仕　　　　入 | 10 | 65,200 | | 65,200 | | | |
| 給　　　　料 | 11 | 14,000 | | 14,000 | | | |
| 支　払　家　賃 | 12 | 13,000 | | 13,000 | | | |
| 減　価　償　却　費 | 13 | 400 | | 400 | | | |
| 貸倒引当金繰入 | 14 | 540 | | 540 | | | |
| | | 243,540 | 243,540 | | | | |
| (当　期　純　利　益) | | | | (12,860) | | | 12,860 |
| | | | | 106,000 | 106,000 | 150,400 | 150,400 |

## 2 | 大陸式決算法

　大陸式決算法は，ドイツやフランスなどのヨーロッパ大陸の諸国で行われている方法で，元帳記入は全て仕訳帳の仕訳を転記して行うという伝統的な方法に従っている。その概要は次のとおりである。

　1．仕訳帳に収益・費用の各勘定から損益勘定（集合損益勘定）への振替仕訳を行う。

　2．元帳に損益勘定を設け，収益・費用の各勘定残高を損益勘定へ振り替える。

　3．仕訳帳に損益勘定で生じた差額，すなわち純利益（純損失）の資本金勘定への振替仕訳を行う。

　4．仕訳帳に資産・負債・資本の各勘定から残高勘定（決算残高勘定）への振替仕訳を行う。

　5．元帳に残高勘定を設け，資産・負債・純資産の各勘定残高をこの残高勘定へ振り替える。残高勘定の貸借の合計額が一致しているかでここまでの手続きが正しいかを確認する。

　6．次期の最初の日付をもって，仕訳帳に残高勘定から，資産・負債・純資産の各勘定への開始仕訳を行う。

　7．元帳に残高勘定から，各残高を資産・負債・純資産の各勘定へ振り戻す。

　大陸式決算法による決算本手続きを 1 の設例に基づいて行うと，次の(1)仕訳帳および(2)総勘定元帳のとおりになる。

## (1) 設例：大陸式決算法による仕訳帳

| 令和×年 | 摘　　　要 | 元丁 | 借　方 | 貸　方 |
|---|---|---|---|---|
| 12／31 | （売　　　　上） | 9 | 106,000 | |
| | 　　　　　　　（損　　　　益） | 15 | | 106,000 |
| | 収益諸勘定を損益勘定へ振替 | | | |
| 〃 | （損　　益）諸　　口 | 15 | 93,140 | |
| | 　　　　　　（仕　　　入） | 10 | | 65,200 |
| | 　　　　　　（給　　料） | 11 | | 14,000 |
| | 　　　　　（支　払　家　賃） | 12 | | 13,000 |
| | 　　　　　（減価償却費） | 13 | | 400 |
| | 　　　　（貸倒引当金繰入） | 14 | | 540 |
| | 費用諸勘定を損益勘定へ振替 | | | |
| 〃 | （損　　益） | 15 | 12,860 | |
| | 　　　　　　（資　本　金） | 8 | | 12,860 |
| | 当期純利益を資本金勘定へ振替 | | | |
| 〃 | （残　　高）諸　　口 | 16 | 150,400 | |
| | 　　　　　　（現　　金） | 1 | | 14,300 |
| | 　　　　　（売　掛　金） | 2 | | 50,000 |
| | 　　　　（繰　越　商　品） | 3 | | 11,000 |
| | 　　　　　　（備　　品） | 4 | | 75,100 |
| | 資産諸勘定を残高勘定へ振替 | | | |
| 〃 | 諸　　口（残　　　高） | 16 | | 150,400 |
| | （買　掛　金） | 5 | 31,700 | |
| | （貸倒引当金） | 6 | 2,040 | |
| | （減価償却累計額） | 7 | 23,800 | |
| | （資　本　金） | 8 | 92,860 | |
| | 負債・純資産諸勘定を残高勘定へ振替 | | | |
| | | | 512,800 | 512,800 |

## (2)　設例：大陸式決算法による総勘定元帳

| | 現　　金 | | 1 |
|---|---|---|---|
| 12/ 1 | 6,500 | 12/21 | 13,000 |
| 12/11 | 30,000 | 12/25 | 14,000 |
| 12/21 | 31,000 | 12/27 | 26,200 |
| | | 12/31残高 | 14,300 →① |
| | 67,500 | | 67,500 |

| | 売　掛　金 | | 2 |
|---|---|---|---|
| 12/ 1 | 5,000 | 12/31残高 | 50,000 →② |
| 12/28 | 45,000 | | |
| | 50,000 | | 50,000 |

| | 繰越商品 | | 3 |
|---|---|---|---|
| 12/ 1 | 20,000 | 12/31 | 20,000 |
| 12/31 | 11,000 | 12/31残高 | 11,000 →③ |
| | 31,000 | | 31,000 |

| | 備　　品 | | 4 |
|---|---|---|---|
| 12/ 1 | 75,100 | 12/31残高 | 75,100 →④ |

| | 買　掛　金 | | 5 |
|---|---|---|---|
| ⑤← 12/31残高 | 31,700 | 12/ 1 | 1,700 |
| | | 12/31 | 30,000 |
| | 31,700 | | 31,700 |

| | 貸倒引当金 | | 6 |
|---|---|---|---|
| ⑥← 12/31残高 | 2,040 | 12/ 1 | 1,500 |
| | | 12/31 | 540 |
| | 2,040 | | 2,040 |

| | 減価償却累計額 | | 7 |
|---|---|---|---|
| ⑦← 12/31残高 | 23,800 | 12/ 1 | 23,400 |
| | | 12/31 | 400 |
| | 23,800 | | 23,800 |

| | 資　本　金 | | 8 |
|---|---|---|---|
| ⑧← 12/31残高 | 92,860 | 12/ 1 | 80,000 |
| | | 12/31 損益 | 12,860 ←⑮ |
| | 92,860 | | 92,860 |

| | 残　　高 | | 16 |
|---|---|---|---|
| ①→ 12/31 現　　　金 | 14,300 | 12/31 買　掛　金 | 31,700 ←⑤ |
| ②→ 12/31 売　掛　金 | 50,000 | 12/31 貸倒引当金 | 2,040 ←⑥ |
| ③→ 12/31 繰越商品 | 11,000 | 12/31 減価償却累計額 | 23,800 ←⑦ |
| ④→ 12/31 備　　　品 | 75,100 | 12/31 資　本　金 | 92,860 ←⑧ |
| | 150,400 | | 150,400 |

**(注)**　残高勘定は，英米式決算法における繰越試算表に相当するものである。

192

| 仕　　入　　10 | | | | 売　　上　　9 | | | |
|---|---|---|---|---|---|---|---|
| 12/27 | 56,200 | 12/31 | 11,000 | ⑭← 12/31 損益 | 106,000 | 12/11 | 30,000 |
| 12/31 | 20,000 | 12/31 損益 | 65,200 →⑨ | | | 12/21 | 31,000 |
| | 76,200 | | 76,200 | | | 12/28 | 45,000 |
| | | | | | 106,000 | | 106,000 |

| 給　　料　　11 | | | |
|---|---|---|---|
| 12/25 | 14,000 | 12/31 損益 | 14,000 →⑩ |

| 支 払 家 賃　　12 | | | |
|---|---|---|---|
| 12/21 | 13,000 | 12/31 損益 | 13,000 →⑪ |

| 減価償却費　　13 | | | |
|---|---|---|---|
| 12/31 | 400 | 12/31 損益 | 400 →⑫ |

| 貸倒引当金繰入　　14 | | | |
|---|---|---|---|
| 12/31 | 540 | 12/31 損益 | 540 →⑬ |

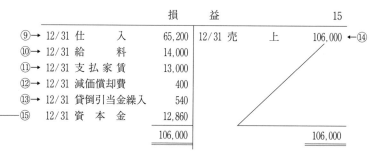

| 損　　益　　15 | | | | | |
|---|---|---|---|---|---|
| ⑨→ | 12/31 仕　　　　入 | 65,200 | 12/31 売　　　　上 | 106,000 | ←⑭ |
| ⑩→ | 12/31 給　　　料 | 14,000 | | | |
| ⑪→ | 12/31 支 払 家 賃 | 13,000 | | | |
| ⑫→ | 12/31 減価償却費 | 400 | | | |
| ⑬→ | 12/31 貸倒引当金繰入 | 540 | | | |
| ⑮ | 12/31 資　本　金 | 12,860 | | | |
| | | 106,000 | | 106,000 | |

## 3 英米式決算法

　複式簿記では，理論的には，決算法の大陸式のように元帳に金額が記入される時には仕訳が行われていなければならない。これに対して，英米式決算法は，イギリスやアメリカで行われている決算法で，大陸式決算法と比べて実務的な簡便法である。その概要は次のとおりである。

　１．２．３．は大陸式決算法の概要と同じである。

　４．仕訳帳での資産・負債・純資産の各勘定残高の振替仕訳は行わない。

　５．元帳での資産・負債・純資産の各勘定残高の残高勘定への振替えは行わず，各勘定の残高を「次期繰越」として摘要欄に朱記し，金額を記入して貸借を平均させる。

　６．仕訳帳の一部を省略した代わりに，実在する勘定（資産・負債・純資産）についての繰越試算表を作成し，損益振替と当期純利益（損失）の資本金振替が正確であることを検証する。

　７．次期の最初の日付をもって，資産・負債・純資産各勘定の残高を「前期繰越」として前期末の次期繰越と反対側に同額を記入する。

　英米式決算法による決算本手続きを 1 の設例に基づいて行うと，仕訳帳への記入については，収益・費用各勘定の振替えは大陸式決算法と同様で，資産・負債・純資産の各勘定の振替えは行わないので，ここでは仕訳帳の例示は省略する。

　総勘定元帳への記入についても収益・費用各勘定の振替えは大陸式決算法と同様であるから，ここでは省略する。しかし，設例の英米式決算法による資産・負債・純資産各勘定の総勘定元帳への記入は次の⑴総勘定元帳で行う。なお，⑵では繰越試算表を例示する。

(1) 設例：英米式決算法による総勘定元帳

### 現　金　　　　　　1

| 12/ 1 | 前期繰越 | 6,500 | 12/21 | | 13,000 |
|---|---|---|---|---|---|
| 12/11 | | 30,000 | 12/25 | | 14,000 |
| 12/21 | | 31,000 | 12/27 | | 26,200 |
| | | | (12/31 | 次期繰越 | 14,300) |
| | | 67,500 | | | 67,500 |

### 売　掛　金　　　　　　2

| 12/ 1 | 前期繰越 | 5,000 | (12/31 | 次期繰越 | 50,000) |
|---|---|---|---|---|---|
| 12/28 | | 45,000 | | | |
| | | 50,000 | | | 50,000 |

### 繰 越 商 品　　　　　　3

| 12/ 1 | 前期繰越 | 20,000 | 12/31 | | 20,000 |
|---|---|---|---|---|---|
| 12/31 | | 11,000 | (12/31 | 次期繰越 | 11,000) |
| | | 31,000 | | | 31,000 |

### 備　品　　　　　　4

| 12/ 1 | 前期繰越 | 75,100 | (12/31 | 次期繰越 | 75,100) |
|---|---|---|---|---|---|

### 買　掛　金　　　　　　5

| (12/31 | 次期繰越 | 31,700) | 12/ 1 | 前期繰越 | 1,700 |
|---|---|---|---|---|---|
| | | | 12/31 | | 30,000 |
| | | 31,700 | | | 31,700 |

### 貸倒引当金　　　　　　6

| (12/31 | 次期繰越 | 2,040) | 12/ 1 | 前期繰越 | 1,500 |
|---|---|---|---|---|---|
| | | | 12/31 | | 540 |
| | | 2,040 | | | 2,040 |

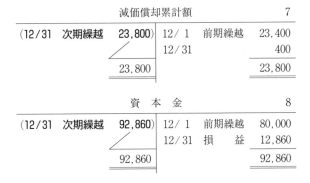

```
                    減価償却累計額            7
(12/31   次期繰越   23,800)  12/ 1   前期繰越   23,400
                             12/31            400
                  23,800                    23,800


                     資  本  金             8
(12/31   次期繰越   92,860)  12/ 1   前期繰越   80,000
                             12/31   損   益   12,860
                  92,860                    92,860
```

**(注)**　（　）内は赤字記入を示す。

(2)　**設例：英米式決算法による繰越試算表**（post-closing trial balance）

### 繰 越 試 算 表
#### 令和×12月31日

| 借　方 | 勘定科目 | 元丁 | 貸　方 |
|---:|:---:|:---:|---:|
| 14,300 | 現　　　　　金 | 1 | |
| 50,000 | 売　　掛　　金 | 2 | |
| 11,000 | 繰　越　商　品 | 3 | |
| 75,100 | 備　　　　　品 | 4 | |
| | 買　　掛　　金 | 5 | 31,700 |
| | 貸 倒 引 当 金 | 6 | 2,040 |
| | 減価償却累計額 | 7 | 23,800 |
| | 資　　本　　金 | 8 | 92,860 |
| 150,400 | | | 150,400 |

**(注)**　繰越試算表は，大陸式決算法における残高勘定に相当するものである。

# 第**4**章 | 伝票会計

## 第**1**節 | 伝票会計

### 1 伝票会計の意義

　企業の規模が大きくなり，取引の種類が多様化したり，取引の回数が多くなると，1つの取引が発生するたびにその都度それを仕訳帳に仕訳し，総勘定元帳に転記していたのでは能率的でない。そこで，記帳の合理化の方法の1つとして伝票会計が行われる。

### 2 証憑（しょうひょう）と伝票

　伝票の仕組みを理解する前にまず，証憑と伝票の違いを明らかにする必要がある。証憑とは取引の事実を証明する書類であり，納品書，請求書，領収書などがある。伝票とは証憑に基づいて，取引の内容を一定の形式をもって記入する紙片である。

　伝票の種類には，仕訳伝票，入金伝票，出金伝票，振替伝票，仕入伝票，売上伝票などがある。この中でどの伝票を使うかさまざまであるが，ここでは，1伝票制，3伝票制と5伝票制を説明する。

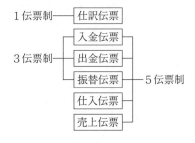

## 第**2**節 | 伝票制の種類

### 1 | 1 伝 票 制

　仕訳帳の代わりに，仕訳伝票を用いる方法を１伝票制という。**仕訳伝票**は，仕訳帳と同じ内容で記入できるように設計されている。仕訳伝票は，借方・貸方科目および金額の他に，元丁欄には総勘定元帳のページ数または口座番号を記入する。伝票には，１取引ごとに１枚を使用する。したがって，取引ごとに１枚の仕訳伝票に記入（起票）するので，取引の数と伝票枚数は一致する。

　仕訳伝票から総勘定元帳に転記することを個別転記という。取引が多い場合は，１日分，１週間分を同じ勘定科目ごとに，かつ借方・貸方別にまとめて仕訳集計表を作成し，合計額を転記する。

┌─ **例題２－１** ─────────────────────────

　１月５日　静岡商店からＡ商品100個＠￥200を仕入れ，代金￥20,000のうち￥5,000は現金で支払い，残高は掛とした場合の仕訳と仕訳伝票への記入を行ないなさい。

【**解　答**】

仕訳：（借）仕　　　　　　入　20,000　　（貸）現　　　　　　金　　5,000
　　　　　　　　　　　　　　　　　　　　　　　買　　掛　　金　15,000

| 仕訳伝票　令和×年1月5日　No. 117　主任印（山田）記帳印（元木）係印（大石） | | | | | | | | |
|---|---|---|---|---|---|---|---|---|
| 借　方　科　目 | 元丁 | 金　額 | 貸　方　科　目 | 元丁 | 金　額 | | | |
| 仕　　　入 | 9 | 20000 | 現　　　金 | 2 | 5000 | | | |
|  |  |  | 買　掛　金 | 5 | 15000 | | | |
| 合　　計 |  | 20000 | 合　　計 |  | 20000 | | | |
| 摘要 | 静岡商店からＡ商品100個＠￥200仕入れ | | | | | | | |

## 2 3 伝 票 制

取引を現金の支払いをともなうものとそれ以外のものとに分け，前者をさらに入金取引と出金取引とに分ける。このようにして全ての取引を3つに分けて起票する方法を3伝票制という。入金取引は**入金伝票**，出金取引は**出金伝票**，その他の取引は**振替伝票**に起票する。

```
      （取引の種類）      （伝票の種類）
   1  入 金 取 引 ──→ 入 金 伝 票 ┐
   2  出 金 取 引 ──→ 出 金 伝 票 ├→ 総勘定元帳
   3  その他の取引 ──→ 振 替 伝 票 ┘
      （振替取引）
```

### 1 入 金 伝 票

入金伝票は，入金取引を処理する伝票で，仕訳するとつねに借方が現金になる。入金伝票ではその現金勘定の借方記入は省略し，科目欄には相手勘定科目（貸方科目），金額欄には入金額を記入する。入金伝票は普通赤色で印刷されている。入金伝票は，現金出納帳，売掛金元帳および受取手形記入帳などの帳簿への記入の資料となる。

┌─ **例題2－2** ─────────────────────────

　1月8日　名古屋商店にコーヒー10kg￥50,000を現金で売り渡した場合の仕訳と入金伝票への記入を行いなさい。

└────────────────────────────────────

【解　答】

仕訳：(借) 現　　　　金　50,000　(貸) 売　　　　上　50,000

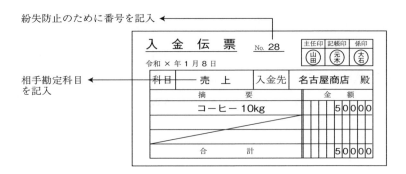

紛失防止のために番号を記入

相手勘定科目を記入

## 2　出金伝票

　出金伝票は，出金取引を処理する伝票で，仕訳するとつねに貸方が現金になる。出金伝票ではその現金勘定への貸方記入は省略し，科目欄には相手勘定科目（借方科目），金額欄には出金金額を記入する。出金伝票は普通青色で印刷されている。入金伝票と同様に関係する帳簿記入の資料となる。

┌─ 例題2－3 ─────────────────────────

　1月10日　清水商店よりコーヒー20kg￥10,000を現金で仕入れた場合の仕訳と出金伝票への記入を行いなさい。

【解　答】

　仕訳：（借）仕　　　　　入　10,000　　（貸）現　　　　　金　10,000

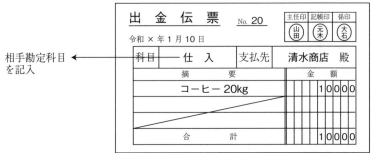

相手勘定科目を記入

## 3 振替伝票

　振替伝票は，入金・出金取引以外の取引（振替取引）を処理する伝票で，通常の仕訳と同じ形式で記入する。入金伝票や出金伝票と同様に関係する帳簿記入の資料となる。振替伝票は普通黒色または青色で印刷されている。

　振替伝票を用いるのは，(1)現金収支を全くともなわない取引と(2)取引の一部分が振替取引で他の部分が現金取引のケースである。

### (1)　現金収支を全くともなわない取引

---
**例題2−4**

　1月12日　島田商店より売掛金の回収として，同店振出しの約束手形♯10 ¥400,000を受け取った場合の仕訳と振替伝票への記入を行いなさい。

---

【解　答】

仕訳：(借) 受　取　手　形　400,000　　(貸) 売　　掛　　金　400,000

| | | | |
|---|---|---|---|
| **振替伝票**　令和×年1月12日 | | No. 211 | 主任印 記帳印 係印 |
| | | | 山田 元木 大石 |

| （借方票） | | （貸方票） | |
|---|---|---|---|
| 勘　定　科　目 | 金　　額 | 勘　定　科　目 | 金　　額 |
| 受取手形 | 400000 | 売　掛　金 | 400000 |
| | | | |
| | | | |
| 合　　　計 | 400000 | 合　　　計 | 400000 |
| 摘要 | 島田商店　　売掛金回収　　約手♯10 | | |

　このような取引の場合には，振替伝票に記入するだけでよい。

### (2)　取引の一部分に現金収支をともなう取引

　一部振替取引とは，取引の一部分に現金収支をともなう取引をいう。一部振替取引は，現金収支をともなう部分は入金伝票または出金伝票に記入し，現金収支をともなわない部分については振替伝票に記入する。

例題２－５

　１月５日　静岡商店からＡ商品100個＠￥200を仕入れ，代金￥20,000のうち￥5,000は現金で支払い，残額は掛とした場合の仕訳と，３伝票制の場合の仕訳を行いなさい。

【解　答】

この取引を通常の仕訳問題として仕訳すれば，下記のとおりである。

仕訳：（借）仕　　　　　　入　20,000　　（貸）現　　　　　金　5,000
　　　　　　　　　　　　　　　　　　　　　　　　買　掛　金　15,000

これを伝票に記入するには，次の２つの方法がある。

　　a　取引を２つに分割する方法

　　　　出金伝票…（借）仕　入　5,000　　　（貸）現　金　5,000

　　　　振替伝票…（借）仕　入　15,000　　（貸）買掛金　15,000

　　b　取引を擬制する方法

　　　　振替取引…（借）仕　入　20,000　　（貸）買掛金　20,000

　　　　出金取引…（借）買掛金　5,000　　　（貸）現　金　5,000

例題２－６

　次の各取引の伝票記入について，空欄①から⑤にあてはまる適切な語句または金額を答えなさい。なお，当店では３伝票制を採用しており，商品売買取引の処理は３分法により行っている。

(1)　商品を￥400,000で仕入れ，代金のうち￥100,000を現金で支払い，残額は掛けとした。

| （　　）伝　票 | | 振　替　伝　票 | | | |
|---|---|---|---|---|---|
| 科　　目 | 金　　額 | 借方科目 | 金　　額 | 貸方科目 | 金　　額 |
| 買　掛　金 | （　　　） | （　①　） | （　　　） | （　　　） | （　②　） |

(2)　商品を￥550,000で売り上げ，代金は掛けとした。また，顧客負担の送料￥4,000を現金で支払い「（③）伝票」で掛代金に含める記録を行った。

| （③）伝票 | | 振替伝票 | | | |
|---|---|---|---|---|---|
| 科　　目 | 金　　額 | 借方科目 | 金　　額 | 貸方科目 | 金　　額 |
| （　④　） | （　　　　） | （　　　） | （　　　） | （　　　） | （　⑤　） |

| ① | ② | ③ | ④ | ⑤ |
|---|---|---|---|---|
| | | | | |

**【解　答】**

| ① | ② | ③ | ④ | ⑤ |
|---|---|---|---|---|
| 仕入 | 400,000 | 出金 | 売掛金 | 550,000 |

## 3 5 伝 票 制

　取引を入金，出金，仕入，売上およびそれ以外のものの5つに分けて起票する方法を5伝票制という。**2**で例示された入金伝票と出金伝票と振替伝票の他に，ここでは**仕入伝票**と**売上伝票**を例示する。

```
（取引の種類）　　　（伝票の種類）
入 金 取 引──→入 金 伝 票 ┐
出 金 取 引──→出 金 伝 票 │
仕 入 取 引──→仕 入 伝 票 ├─→総勘定元帳
売 上 取 引──→売 上 伝 票 │
その他の取引──→振 替 伝 票 ┘
（振替取引）
```

## 1　仕入伝票

　仕入伝票は，仕入取引を処理する伝票で，仕訳すると全て借方が「仕入」になる。仕入伝票では，その「仕入」の科目を省略して，科目欄に相手勘定（貸

204

方科目），金額欄に仕入金額を記入する。他に，仕入伝票には仕入先・品名・数量・単価および代金の決済方法を記入する。仕入戻しや値引きがあったときは，赤字で記入する。

伝票の集計取引を簡単にするために，次の例題のように，仕入取引は全て掛取引として起票し，ただちに買掛金を支払ったものとして処理する方法がある。

---

**例題2－7**

2月9日　横須賀商店からB商品400個@￥100，￥40,000を仕入れ，代金のうち￥20,000は現金で支払い，残額は掛とした場合の仕訳と出金伝票への記入を行いなさい。

---

**【解　答】**

　　　　仕入伝票……（借）仕　　　　入　40,000　　（貸）買　掛　金　40,000
　　　　出金伝票……（借）買　掛　金　20,000　　（貸）現　　　　金　20,000

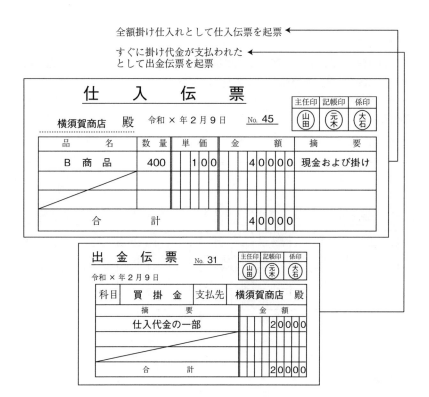

全額掛け仕入れとして仕入伝票を起票

すぐに掛け代金が支払われた
として出金伝票を起票

## 2　売上伝票

　売上伝票は，売上取引を処理する伝票で，仕訳すると全て貸方が「売上」に
なる。売上伝票では，その「売上」の科目を省略して，科目欄に相手勘定（借
方科目），金額欄に売上金額を記入する。他に，売上伝票に売上先・品名・数
量・単価および代金の決済方法を記入する。売上戻りや値引きがあったときは，
赤字で記入する。

　仕入伝票と同様，伝票の集計取引を簡単にするために，次の例題のように，
売上取引は全ての売上を掛取引として起票し，ただちに売掛金を回収したもの
として処理する方法がある。

206

---

**例題2－8**

　3月3日　姫路商店にC商品100個@￥2,000，￥200,000を売り渡し，代金は掛とした場合の仕訳と売上伝票への記入を行いなさい。

【解　答】

仕訳：（借）売　　掛　　金　200,000　　（貸）売　　　　　　上　200,000

# 売　上　伝　票

| | 主任印 | 記帳印 | 係印 |
|---|---|---|---|
| | 山田 | 元木 | 大石 |

姫路商店　殿　　令和×年3月3日　　No. 100

| 品　　　名 | 数　量 | 単　価 | 金　　額 | 摘　　要 |
|---|---|---|---|---|
| C　商　品 | 100 | 2000 | 200000 | 掛け |
| | | | | |
| | | | | |
| 合　　　計 | | | 200000 | |

---

**例題2－9**

　次の①および②の2枚の伝票は，それぞれ，ある1つの取引について作成されたものである。これらの伝票から取引を推定して，その取引の仕訳を示しなさい。

①

| 入金伝票 | |
|---|---|
| 売　上 | 200,000 |

| 振　替　伝　票 | | | |
|---|---|---|---|
| 借方科目 | 金　　額 | 貸方科目 | 金　　額 |
| 売　掛　金 | 300,000 | 売　　　上 | 300,000 |

②

| 出金伝票 | |
|---|---|
| 買掛金 | 150,000 |

| 振　替　伝　票 | | | |
|---|---|---|---|
| 借方科目 | 金　　額 | 貸方科目 | 金　　額 |
| 仕　　　入 | 250,000 | 買　掛　金 | 250,000 |

（日商簿記検定3級　第90回）

## 【解答】

① （借）現　　　　金　200,000　（貸）売　　　　上　500,000

　　　売　掛　金　300,000

② （借）仕　　　　入　250,000　（貸）現　　　　金　150,000

　　　　　　　　　　　　　　　　買　掛　金　100,000

---

**例題2−10**

① 商品を仕入れ，代金￥1,000,000のうち￥400,000を現金で支払い，残額を掛とした取引を(A)のように作成した場合，(B)の振替伝票への記入を示しなさい。

(A)

| 出　金　伝　票 |
|---|
| 買　掛　金　400,000 |

(B)

| 振　替　伝　票 | | | |
|---|---|---|---|
| 借　方　科　目 | 金　　　額 | 貸　方　科　目 | 金　　　額 |
| | | | |

② 次の(C)の伝票から，解答用紙(D)の元帳への転記を示しなさい。ただし，相手勘定科目と金額を記入すること。

(C)

| 入　金　伝　票 |
|---|
| 前　受　金　100,000 |

(D)　　　　　　　　　　　前　受　金

208

【解 答】

① (B)

| 振　替　伝　票 | | | |
|---|---|---|---|
| 借 方 科 目 | 金　　額 | 貸 方 科 目 | 金　　額 |
| 仕　　　入 | 1,000,000 | 買　掛　金 | 1,000,000 |

② (D)

前　受　金

|  | 現　　金 | 100,000 |
|---|---|---|

**（注）** ②の相手勘定科目を「入金伝票」とした場合は不可。

# 第**3**節 | 仕訳日計表

仕訳日計表は，1日分の伝票に記載された諸勘定の借方と貸方の金額を勘定科目別に分類，集計して一表にまとめたものである。

## 【設 例】

次の3伝票を集計して，仕訳日計表を作成し，この日計表から総勘定元帳（現金勘定）に，伝票から得意先元帳にそれぞれ転記しなさい。

| 入金伝票 No.101 | 出金伝票 No.201 | 振替伝票 No.301 |
|---|---|---|
| 当座預金 300,000 | 仕 入 120,000 | 仕 入 240,000 |
| | | 買掛金(渋谷商店) 240,000 |

| 入金伝票 No.102 | 出金伝票 No.202 | 振替伝票 No.302 |
|---|---|---|
| 売掛金(新宿商店)170,000 | 支払手形 160,000 | 当座預金 450,000 |
| | | 売 上 450,000 |

| 入金伝票 No.103 | 出金伝票 No.203 | 振替伝票 No.303 |
|---|---|---|
| 売 上 200,000 | 買掛金(渋谷商店)100,000 | 売掛金(新宿商店) 250,000 |
| | | 売 上 250,000 |

| 入金伝票 No.104 | 出金伝票 No.204 |
|---|---|
| 受取手形 140,000 | 営業費 50,000 |

### 仕 訳 日 計 表
令和〇年1月1日　　　　　　　No. 701

| 借　　方 | 元丁 | 勘 定 科 目 | 元丁 | 貸　　方 |
|---|---|---|---|---|
| ① 810,000 | 1 | 現　　　　　金 | 1 | ② 430,000 |
| 450,000 | | 当 座 預 金 | | 300,000 |
| | | 受 取 手 形 | | 140,000 |
| 250,000 | | 売 　掛　 金 | | 170,000 |
| 160,000 | | 支 払 手 形 | | |
| 100,000 | 22 | 買 　掛　 金 | 22 | 240,000 |
| | | 売　　　　上 | | 900,000 |
| 360,000 | | 仕　　　　入 | | |
| 50,000 | | 営 　業　 費 | | |
| 2,180,000 | | | | 2,180,000 |

① 入金伝票　300,000 + 170,000 + 200,000 + 140,000 = ¥810,000

② 出金伝票　120,000 + 160,000 + 100,000 + 50,000 = ¥430,000

### 総 勘 定 元 帳

#### 現　金　　　　　　　　　　　　　No.1

| 令和〇年 | 摘　　要 | 仕丁 | 借　　方 | 貸　　方 | 貸・借 | 残　　高 |
|---|---|---|---|---|---|---|
| 4/1 | 前 月 繰 越 | ✓ | 120,000 | | 借 | 120,000 |
| 〃 | 仕 訳 日 計 表 | 701 | 810,000 | | 〃 | 930,000 |
| 〃 | 〃 | 701 | | 430,000 | 〃 | 500,000 |

#### 買　掛　金　　　　　　　　　　　No.22

| 令和〇年 | 摘　　要 | 仕丁 | 借　　方 | 貸　　方 | 貸・借 | 残　　高 |
|---|---|---|---|---|---|---|
| 4/1 | 前 月 繰 越 | ✓ | | 220,000 | 貸 | 220,000 |
| 〃 | 仕 訳 日 計 表 | 701 | | 240,000 | 〃 | 460,000 |
| 〃 | 〃 | 701 | 100,000 | | 〃 | 360,000 |

### 得 意 先 元 帳

#### 新宿商店　　　　　　　　　　　　得12

| 令和〇年 | 摘　　要 | 仕丁 | 借　　方 | 貸　　方 | 貸・借 | 残　　高 |
|---|---|---|---|---|---|---|
| 4/1 | 前 月 繰 越 | ✓ | 240,000 | | 借 | 240,000 |
| 〃 | 入 金 伝 票 | 102 | | 170,000 | 〃 | 70,000 |
| 〃 | 振 替 伝 票 | 303 | 250,000 | | 〃 | 320,000 |

### 仕 入 先 元 帳

#### 渋谷商店　　　　　　　　　　　　仕26

| 令和〇年 | 摘　　要 | 仕丁 | 借　　方 | 貸　　方 | 貸・借 | 残　　高 |
|---|---|---|---|---|---|---|
| 4/1 | 前 月 繰 越 | ✓ | | 130,000 | 貸 | 130,000 |
| 〃 | 出 金 伝 票 | 203 | 100,000 | | 〃 | 30,000 |
| 〃 | 振 替 伝 票 | 301 | | 240,000 | 〃 | 270,000 |

# 第5章 | 経営分析

　経営分析は，定量分析と定性分析とに大きく分けることができる。ここで扱う財務分析は定量分析であり，それは財務情報をもとに各種の比率や倍率等を用いて比較分析する手法である。

　この比較には，時系列分析とクロスセクション分析とがある。

　時系列分析とは，例えば，特定企業の過去3年間を分析するような場合であり，特定の会社について異なる期間や異なる時点での比較分を指している。

　これに対してクロスセクション分析とは，他の会社（主に同業他社）と比較する手法である。

　なお，財務分析に際しては，当該企業がどのような業種に属しているか，その業種の特性を認識しておく必要がある。そうせずに単なる比率・倍率を見るだけでは，誤った分析へと導くことになるからである。

$$
\text{経営分析}
\begin{cases}
\text{定量分析}
\begin{cases}
\text{時系列分析} \\
\text{クロスセクション分析}
\end{cases} \\
\text{定性分析}
\end{cases}
$$

　これらの分析をとおして，会社の収益性，効率性，安全性，成長性を知ることができる。

　①収益性とは，会社がもうかっているかあるいはもうける力があるかを示す指標であり，②効率性とは，会社が保有している経営資源を効率よく使用して事業を行っているかを示す指標である。

　③安全性とは，会社の借金返済能力はあるかどうか，倒産のおそれはないかという財務安全性の問題である。④成長性とは，現在会社が成長しているかどうか，また将来にわたって成長するかどうかを示す指標である。

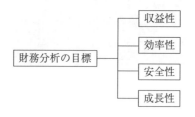

---

## 第1節 収益性分析

　企業の収益性を分析するにあたっては，資本に対する利益の比率すなわち「資本利益率」を見る場合と，売上高に対する利益の比率すなわち「売上高利益率」を見る場合がある。ここでは資本利益率から見ていくことにする。

$$資本利益率(\%) = \frac{利益}{資本} \times 100$$

$$売上高利益率(\%) = \frac{利益}{売上高} \times 100$$

### 1 資本利益率分析

　資本利益率は，企業資本がどのようにして効率的に運用されたかを示す指標であり，資本の運用効率としての収益性を表している。この比率を用いれば，業種・規模を問わず，全ての企業の収益性を比較することが可能になる。この式の分母を総資本（＝総資産）にするか自己資本にするかによって，総資本利益率または総資産利益率（ROA）と自己資本利益率（ROE）とに分類することができる。

$$資本利益率 = \frac{利益}{資本} = \begin{cases} ① & 総資本利益率または総資産利益率（ROA） \\ ② & 自己資本利益率（ROE） \end{cases}$$

## 1 総資産利益率 (ROA)

(1) 総資産利益率または総資本利益率ROA（Return on Assets）は，利益を総資産（総資本）で割って求める。

$$\text{ROA}(\%) = \frac{\text{当期純利益}}{\text{総資産}} \times 100$$

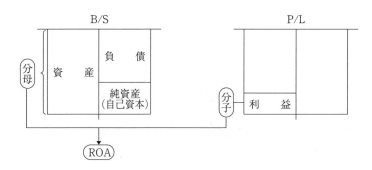

(2) 総資産利益率（ROA）の値は，企業がその保有する全資産を使ってどれだけのもうけを得たかを表すものであり，総資産に対する収益性を判断する指標である。数値が高いほど企業の総合的な収益力が高いと判断される。一般的に，総資産の大きい大企業はROAが低くなりがちである。なお，ROAの平均的な値は上場企業で4〜8％程度である。

(3) ROAを算出するにあたって分子の利益には，営業利益，経常利益などが用いられる。この場合にはそれぞれ「総資産営業利益率」「総資産経常利益率」と呼ばれる。

これに対して分母の総資産には，バランスシート（B/S）の資産合計が用いられる。それゆえバランスシート（B/S）に直接的に表示されない資産（例：技術，ブランド，システム，ノウハウ等）がその企業の競争力の源泉であるような場合には，ROAは企業の実態を十分に表すことにはならない。

---

**例題 1 － 1**

次のB/S，P/Lに関する資料に基づいて総資産利益率（ROA）（総資産営業利益率・経常利益率・当期純利益率）を計算しなさい。

(B/S) 流動資産￥5,000　固定資産￥3,000　流動負債￥4,000　固定負債￥2,000
　　　純資産￥2,000

(P/L) 営業利益￥2,000　経常利益￥1,500　当期純利益￥1,000

---

【解　答】

① 　総資産営業利益率 $= \dfrac{2,000}{5,000 + 3,000} \times 100 = 25（\%）$

② 　総資産経常利益率 $= \dfrac{1,500}{5,000 + 3,000} \times 100 = 18.75（\%）$

③ 　総資産当期純利益率 $= \dfrac{1,000}{5,000 + 3,000} \times 100 = 12.5（\%）$

## 2　自己資本利益率（ROE）

(1) 　自己資本利益率ROE（Return on Equity）は，会社が株主の出資した資金すなわち自己資本をどれだけ効率よく活用して利益を得たかを見る指標であり，次の式で示される。

$$ROE（\%） = \frac{当期純利益}{自己資本} \times 100$$

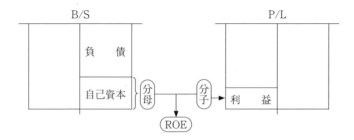

　　分子の当期純利益は，損益計算書からのフローの数値であり，分母の自己資本は貸借対照表からのストックの数値である。

(2)　ROEの算出にあたっては，分母の自己資本は株主に帰属するものである。他方，分子の当期純利益は，債権者に利息を支払い，税金も支払った後の利益で，株主から見ると配当可能な利益である。このように，分母，分子の両方とも株主に帰属する。したがって，ROEは株主の視点に立った投資効率の指標といえる。このROEは「会社は株主のもの」という意識が強い欧米では，経営者が最も重視する数値であり，会社の株価を決める目安の1つとなっている（これに対して後述の自己資本比率は債権者の視点に立った指標といえる）。

　　日本企業の平均は上場企業で4～10%程度であるのに対して，米国では10～20%とわが国よりもはるかに高い値を示している。分母である株主資本が小さいために結果としてROEが高くなってしまっている企業もあるので注意が必要である。

---

**例題1－2**

例題1－1に基づいて自己資本利益率（ROE）を計算しなさい。

**【解　答】**

$$自己資本当期純利益率 = \frac{1,000}{2,000} \times 100 = 50 (\%)$$

## 3　「総資産利益率（ROA）」と「自己資本利益率（ROE）」との比較

　総資産利益率（ROA）は企業資金がどのように運用されているかという面からの運用効率を表す収益性指標である。したがって，それは貸借対照表の借方に着目したものである。

　これに対して自己資本利益率（ROE）を算定する場合の計算要素の1つである自己資本は株主持分を意味し，それは持分関係からみた資本概念である。したがって，貸借対照表の貸方に着目したものである。

**【ROAとROEと貸借対照表】**

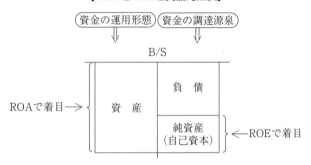

## 4 総資産利益率の分解

総資産利益率は，下の式のように売上高利益率と総資産回転率とに分解される。

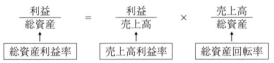

この式からもわかるように，総資産利益率を高めるには，①総資産回転率は不変であるが売上利益率を高める，②売上利益率は不変であるが総資産回転率を高める，③売上利益率と総資産回転率の両方を高める，という３つの方法がある。

次の項では売上高利益率と総資産回転率を説明することにする。

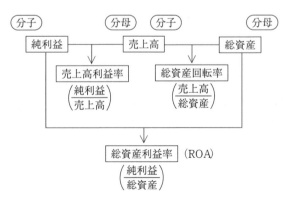

## 2 売上高利益率分析

　企業の収益性の指標として用いられるのが売上高利益率であり，次の式で示される。

$$売上高利益率（\%）= \frac{利益}{売上高} \times 100$$

　売上高利益率は，分子・分母のいずれもP/L上の数値のみから計算することができる。分母は売上高であるが，分子の利益は，売上総利益・営業利益・経常利益・当期純利益とさまざまなものが用いられる。利益の種類によって，売上高総利益率・売上高営業利益率・売上高経常利益率・売上高当期純利益率が求められる。

　この比率は，分子も分母もP/Lの数値から求められるものであるため，バランスシートの観点が織り込まれていない。その点では売上高利益率はROAやROEのように会社の資源をどれだけ効率的に使って利益を上げたかということを示していない。

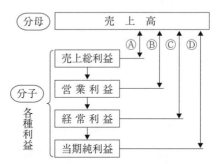

・売上高総利益率……Ⓐ
・売上高営業利益率……Ⓑ
・売上高経常利益率……Ⓒ
・売上高当期純利益率……Ⓓ

### 1　売上高総利益率

　売上高総利益率は，粗利益率とも呼ばれ，売上総利益を売上高で割ったもので，次の式で求められる。

$$売上高総利益率（\%）= \frac{売上総利益}{売上高} \times 100$$

$$= \frac{\text{売上高} - \text{売上原価}}{\text{売上高}} \times 100$$

　売上原価は，その会社の力が集約されている場所であり，競争力の源泉ともいえる。それゆえ売上総利益の額は，その商品の利幅（すなわち販売価格と仕入価格の差）を表すものであり，売上総利益率は，商品仕入力・製造能率・商品販売力・ブランド力・採算の変化を読む指標として利用され，その会社の商品・製品の収益力と競争力を判断する際に役立つ。

## 2　売上高営業利益率

(1)　売上高営業利益率は，営業利益を売上高で割って求める。営業利益は，売上総利益から販売費・一般管理費を差し引いたもので，会社の本業によって稼得された利益である。

　　営業利益＝（売上高－売上原価）－販売費・一般管理費

　　　　　＝　　　売上総利益　　　－販売費・一般管理費

　売上高営業利益率(%)＝$\frac{\text{営業利益}}{\text{売上高}} \times 100$

　　売上高営業利益率は，その決定要因に財務費用（例：支払利息・受取利息等）を含まないので，本来の経営成績を表しており，特に販売費・一般管理費における企業間の差がここで反映される。

(2)　なお，販売費・売上原価が変動費的性格を有するのに対して，一般管理費は，全体としては固定費の性格が強い。以下に分類に示されているように，販売費と比較して，一般管理費と人件費の方が固定費の性格が強い。

　　○販　売　費……商品や製品を販売するためにかかる費用で，売上高とほぼ比例的に発生する性格を持つ。

　　　　　　（例）広告宣伝費，販売手数料，運送費，荷造費　等

　　○一般管理費……企業を管理していくための費用なので，売上高とは関係なくほぼ一定金額が発生する傾向がある。

　　　　　　（例）減価償却費，旅費交通費，光熱費　等

○人　件　費……給料，賃金，福利厚生費　等

　営業利益率は，上場企業平均では，製造業5〜7％，卸売業2〜2.5％，小売業5〜6％程度である。

## 3　売上高経常利益率

(1)　売上高から売上原価や販売費および一般管理費を差し引くと営業利益（本業でのもうけ）が算出されるが，それに営業外収益（例：受取利息等）を加え営業外費用（例：支払利息等）を差し引いたものが経常利益である。会社がトータルでどれだけの利益を獲得したかを示すものが経常利益である。

　　売上高経常利益率は，この経常利益を売上高で割ったものである。

$$売上高経常利益率(\%) = \frac{経常利益}{売上高} \times 100$$

(2)　売上高経常利益率は，売上利益率の中で最も基本的な比率である。そこでは，商品売買価格差や販売活動の能率のほか，企業の資本構成に基づく財務費用もその算出過程に入っている。したがって，借入金の多い企業は支払利息が多いため営業利益よりも経常利益は少なくなり，その結果売上高経常利益率は小さくなる。それとは反対に無借金企業では，営業外収益が営業外費用を上回るため営業利益よりも経常利益が増え，売上高経常利益率は大きくなる。このように売上高経常利益率は，金融費用を考慮する点で，企業の実態を反映した売上利益率である。製造業・流通業で5〜7％，サービス業で12％が目安とされている。

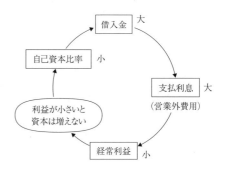

## 4　売上高当期純利益率

　売上高当期純利益率は，当期純利益を売上高で割ることによって求められる。

当期純利益は，経常利益に特別利益を加え特別損失を差し引いて，さらに法人税等の納付額を差し引いた金額である。この当期純利益は，企業が最終的に得た利益になる。当期純利益から株主への配当金や企業の内部保留が行われる。したがって，当期純利益は株主・経営者双方にとって関心が高い項目である。売上高当期純利益率の値は，上場企業平均で製造業の場合3～4％程度である。

$$売上高当期純利益率（\%） = \frac{当期純利益}{売上高} \times 100$$

---

**例題1－3**

次のP/Lの資料に基づいて売上高利益率（売上高総利益率・営業利益率・経常利益率・当期純利益率）を計算しなさい。

（P/L）売上高￥20,000　売上原価￥14,000　販売費・一般管理費￥4,000

営業外収益￥2,000　営業外費用￥2,500　特別利益￥500

特別損失￥1,000

---

**【解　答】**

① 売上高総利益率 $= \dfrac{20,000 - 14,000}{20,000} \times 100 = \dfrac{6,000}{20,000} \times 100 = 30（\%）$

② 売上高営業利益率 $= \dfrac{6,000 - 4,000}{20,000} \times 100 = \dfrac{2,000}{20,000} \times 100 = 10（\%）$

③ 売上高経常利益率 $= \dfrac{2,000 + (2,000 - 2,500)}{20,000} \times 100 = \dfrac{1,500}{20,000} \times 100 = 7.5（\%）$

④ 売上高当期純利益率 $= \dfrac{1,500 + (500 - 1,000)}{20,000} \times 100 = \dfrac{1,000}{20,000} \times 100 = 5（\%）$

## 第**2**節 ┃ 効率性分析（回転率分析）

　企業の効率性とは，投下した資金がどのくらいの期間で回収できるかを測定したものである。以下では回転率分析について説明する。

　資産の効率的な活用に関する指標が総資産（総資本）回転率であり，収益性を表す指標であると同時に効率性を表す指標である。それは次の式で求められる。

$$総資産回転率（回）= \frac{売上高}{総資産（= 総資本）}$$

　資本回転率は，ある期間（通常は1年間）に資本が何回売上高に結びついたかという回転数で測定される。この場合資本の回転とは，

　　製造業であれば，

　　　　$\boxed{現金}$ → $\boxed{原材料と生産手段}$ → $\boxed{製品}$ → $\boxed{売上債権}$ → $\boxed{現金}$

　　商業であれば，

　　　　$\boxed{現金}$ → $\boxed{商品}$ → $\boxed{売上債権}$ → $\boxed{現金}$

という形での資金の回転を意味し，これを営業のサイクルと呼ぶ。この1サイクルが円滑に回れば必要資金は少なくて済み，反対に，生産工程にトラブルが発生したり，不良品が市場に出たり，売上債権の回収が進まなかったりすれば，当初投入した現金が戻ってくるまでに長い時間がかかる。このことは，円滑に進んだ場合に比べて，多額の運転資金が必要となり，使用した資金は全てコストがかかっているために，利益面への圧迫を生み出す。そのため，資本回転率の高低は重要な意味を持っている。

　総資産回転率の分母は総資産であるが，総資産の中には売上債権（受取手形・売掛金等）・棚卸資産・固定資産等の資産が含まれている。そこで，分子に売上高をおき，分母には売上債権や棚卸資産や固定資産をおいて売上債権回転率・棚卸資産回転率・固定資産回転率を求める場合がある。

　　　・総資産回転率（総資本回転率）

・売上債権回転率

・棚卸資産回転率

・固定資産回転率

# 1 総資産回転率（総資本回転率）

　総資産回転率は，売上高を総資産（＝総資本）で割って求めたもので，総資産が売上高という形で1年間に何回回収されたかを，すなわち1年間に売上高が総資産の何倍になっているかを見る指標である。

$$総資産（総資本）回転率（回）= \frac{売上高}{総資産（総資本）}$$

　この値が高いということは，売上による総資産（総資本）の回収スピードが速いことを意味し，効率のよい会社，つまり，少ない元手（総資産＝総資本）で多くの売上を稼得している会社といえる。

　例えば，回転率が2回ということは，1年間に「使用した資産」の2倍の売上を計上したことを意味している。このことは，売上高によって，使用した資産を2回回収したことになる。

　総資産回転率は，大企業や中小企業でも製造業の場合には1〜2回転，流通業では，1.5〜2回転が標準とされている。回転数が多いほど望ましいが，資産の多い大企業は一般的に低い値となる傾向にある。

# 2 売上債権回転率

　売上に占める売上債権の割合が適正かどうかを見るために使うのが売上債権回転率で，次の式で表される。回転率は大きいほど回収状況が良いことを示し，年6回以上が理想とされている。売上債権の回転率が低い場合には，回収が円滑に行われていないことを意味し，貸倒れや支払遅延が考えられる。

$$売上債権回転率（回）= \frac{売上高}{売上債権（売掛金＋受取手形＋割引手形）}$$

　会社の取引では，現金の代わりに手形が使われることが多い。また，現金を

支払う場合でも商品の受渡しと同時に行わず，後になって決済することが多い。このような手形取引や掛取引の場合は，売上の時点から数か月後になってやっと入金されることになる。

　一般的には売上の増加にともなって，売上債権（受取手形・売掛金）も増えるが，増えすぎると取引先からの入金が遅れたり，取引先が倒産して回収不能に陥る危険性が高まる。したがって，売上債権が一定水準以上になるのは好ましくない。売上債権は少ないほうが良いといえる。

## ③ 棚卸資産回転率（在庫回転率・商品回転率）

　商品や製品の在庫が適正かどうかを知るためには，商品回転率が用いられる。商品回転率は高いほうが望ましい。次の式で算出される。

$$商品回転率（回） = \frac{売上高}{棚卸資産}$$

　商品が順調に売れていれば，在庫（上の式における分母の棚卸資産）が増え過ぎることはない。在庫が多すぎる（上の式の分母が大きい）ということは，お金が商品という形で倉庫に寝ていることを示しており，商品回転率が低めに表れる。しがたって，できる限り在庫を少なくすることが大切であり，回転率は大きいほうが望ましい。

## ④ 固定資産回転率

　固定資産回転率は，固定資産の利用度を示す指標である。この比率を検討することによって，固定資産への過大投資や遊休資産の有無を調べることができる。

$$固定資産回転率（回） = \frac{売上高}{固定資産}$$

　固定資産は長期固定的な性格を持つ資産であり，取得に時間がかかると同時に取得から処分にいたるまでの期間も長い。そのため，毎期の貸借対照表上では固定資産残高は売上の増減に影響されることが少なく，比較的安定的な数字

で推移している。一方,売上高はその時の経済状況によって上下する。したがって,売上高が増えると固定資産回転率は高くなる傾向がある。

**【各種回転率】**

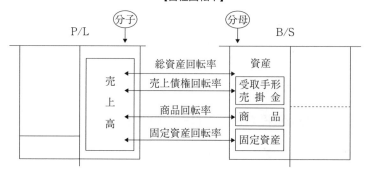

---

**例題2-1**

次のB/S,P/Lの資料に基づいて,各種回転率(総資産回転率・売上債権回転率・棚卸資産回転率・固定資産回転率)を計算しなさい。

(B/S) 売掛金￥1,800　受取手形￥1,200　棚卸資産￥2,000　固定資産￥3,000
　　　　流動負債￥4,000　固定負債￥2,000　純資産￥2,000

(P/L) 売上高￥20,000　売上原価￥14,000　販売費・一般管理費￥4,000
　　　　営業外収益￥2,000　営業外費用￥2,500　特別利益￥500
　　　　特別損失￥1,000

**【解　答】**

①　総資産回転率 $= \dfrac{20,000}{1,800+1,200+2,000+3,000} = \dfrac{20,000}{8,000} = 2.5(回)$

②　売上債権回転率 $= \dfrac{20,000}{1,800+1,200} = \dfrac{20,000}{3,000} \fallingdotseq 6.67(回)$

③　棚卸資産回転率 $= \dfrac{20,000}{2,000} = 10(回)$

④　固定資産回転率 $= \dfrac{20,000}{3,000} \fallingdotseq 6.67(回)$

## Column 回転率が高いのは回転寿司

　世の中のさまざまな業種の中で回転率が高いのは回転寿司である。客は店に入ってから食べて代金を支払い店を出るまで30分以内のケースが相当見受けられる。立ち食いソバはもっと早いかもしれない。

　これに対して回転率が低いのはマンション建設会社である。土地を仕入れて建物を建てお客に売るまで1年〜2年はざらである。完成して販売するまでは代金が入ってこないので，その間の資金繰りは大変である。不況の時にマンション会社が倒産するのはこのためである。

## 第3節 | 安全性分析

　会社が仕入先に対して支払ができなくなると会社は倒産してしまう。金融機関からの借入金に対しても返済資金の準備があるかどうかという借金返済能力は、企業の安全性分析によって確かめることができる。

　なお、借金を返済しさえすればよいのであれば、会社の遊休不動産等を売却して借金の返済に充てることも考えられる。しかし、このような遊休不動産の売却という手段はあくまでも異例な措置といえる。通常、借金を返済するには、現に保有している現金・預金等で返済を行うとか、通常の企業経営を続けながら借金の返済も行うというのが多くの企業の手法である。そこで、すぐに返済する必要のある借金（流動負債）に対しての支払能力と、それ以外の借金（長期負債）に対する支払能力とに分けて分析方法を論ずることにする。

〇短期的な安全性……流動比率・当座比率

〇長期的な安全性……自己資本比率・負債比率・固定比率・固定長期適合率
　　　　　　　　　　インタレスト・カバレッジ・レシオ

### 1 短期的安全性

　企業が短期間のうちに返済しなければならない借金（流動負債）を有している場合には、その流動負債の額を上回るだけの資産を持つ必要がある。その場合には資産の中でも短期間に現金化できる資産すなわち流動資産が最適といえる。

　短期的な支払能力を示す指標として用いられるものが、次の流動比率と当座比率である。すなわちこの2つの比率は、企業の借金返済能力を見る場合に用いられる指標である。

$$短期的支払能力の指標 \begin{cases} 流動比率 \\ 当座比率 \end{cases}$$

## 1 流動比率

(1) 会社の資産のうち，すみやかに支払に充てることができるのは1年以内に現金化可能な資産すなわち流動資産であり，これが大きいほど支払能力は高いといえる。

　流動比率とは，流動資産を流動負債で割って求めるものであり，分子も分母もいずれも貸借対照表（B/S）から得ることができ，次の式で示される。

$$流動比率(\%) = \frac{流動資産}{流動負債} \times 100$$

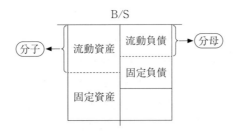

　この比率を用いることで，会社が流動負債の何倍の流動資産を保有しているかを知ることができ，それによって短期的な債務返済能力があるかどうかを判断することができる。この比率は通常200％以上，すなわち流動負債の2倍の流動資産を保有することが理想的であるといわれている。なぜ流動負債に対してその2倍もの大きさの流動資産の保有が望ましいのであろうか。それを次に述べることにする。

(2) 流動資産と流動負債の対比

① 流動負債は，支払手形，買掛金，短期借入金，未払金などであり，いずれも法的債務である以上，貸借対照表上の流動負債の金額は債務を返済しない限り変化しないものである。

② 流動資産は，当座資産，棚卸資産，その他の流動資産の3種類に大別できる。この3種類の資産を債務返済手段としての点から見てみよう。

　a．「当座資産」は比較的短期間に容易に現金化できる資産のことで，現金，預金，受取手形，売掛金，一時所有の有価証券などがある。こ

れらの当座資産は，比較的容易に換金出来るが，その場合の金額は次の理由によってわずかではあるが簿価を下回る。

例えば，受取手形は現金化しようとすれば手形割引をしなくてはならず，手数料を差し引かれるほか，信用度の低い会社が振り出した手形であれば割引は不可能となる。売掛金も全額を回収できるかどうか不確実な側面がある。有価証券も現金化の時点で株価が下がっていれば低い価額に甘んじるよりほかはない。

b．「棚卸資産」（商品，製品，半製品，仕掛品，原材料など）は，生産・販売活動を経て初めて資金化されるもので，売却しない限り現金として直ちに支払手段として用いることはできない。棚卸資産を短期間に無理やり換金しようとすれば通常のプロセスでの販売ではなく，投げ売りの形となって売却金額は簿価をかなり下回ることになる。以上の理由で棚卸資産は流動負債の支払財源とするには換金性がやや劣る。

c．「その他の流動資産」には前払費用などが含まれるが，それらは資金化が不可能な資産であるから，負債の返済に充てることはできない。

このように流動資産は，貸借対照表に記載されている金額よりも低い金額でしか換金できないのが普通である。流動比率の値は通常200％（流動資産は流動負債の2倍程度が必要）が理想的といわれているのは，こうした流動資産が貸借対照表の金額通りには換金できないことがその大きな理由となっている。なお，流動比率の標準は150％程度とされている。わが国の製造業の上場会社では流動比率は平均130％程度である。

## 2 当座比率

　当座比率は，当座資産を流動負債で割ったもので，酸性試験比率とも呼ばれ，短期的債務支払能力を示すもので，次の式で表される。

$$当座比率（\%）=\frac{当座資産}{流動負債}\times100$$

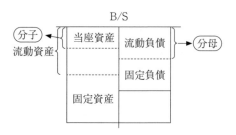

　流動比率よりも比較的確実な財務安全性の指標として用いられるのが当座比率である。すでに見たように，流動比率 $\left(\dfrac{\text{流動資産}}{\text{流動負債}}\right)$ の分子である流動資産の中には棚卸資産が含まれており，棚卸資産は予定した金額で販売できる保証はない。したがって，流動資産の中から換金性が劣るものを除外して貨幣性資産としての性質を有する当座資産のみを抜き出して，それを分子に用いる方が短期的な債務支払能力の指標としては妥当であり，それが当座比率である。当座比率の値は一般には100％以上が理想であるといわれている。なお，わが国では上場企業の場合，製造業で80％程度である。

## 2 長期的安全性

　流動負債のみならず固定負債をも含む負債の全部を返済する能力を見る指標，その他，負債に関連のある指標としては次のものがある。

$$
長期的支払能力の指標\left\{\begin{array}{l}\text{自己資本比率}\\\text{負債比率}\\\text{固定比率}\\\text{固定長期適合率}\\\text{インタレスト・カバレッジ・レシオ}\end{array}\right.
$$

### 1 自己資本比率

　自己資本比率とは，総資本（負債＋資本）に占める自己資本の割合を示した指標である。

$$
自己資本比率(\%) = \frac{\text{自己資本}}{\text{総資本(総資産)}} \times 100
$$

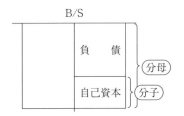

　自己資本比率は分子・分母共にバランスシートのみから計算できる指標である。この指標は財務の安全性を示す指標として利用され，その値が大きいほど企業の安全性が高い。

　分子の自己資本は，株主が拠出した払込資本と留保利益から成り，借入金のような他人資本とは異なり返済の義務がない。自己資本は配当の支払についても，金利の支払と違って業績に応じて弾力的に行うことができ，業績が悪化している際には配当金は支払わなくてもよい。したがって自己資本は，企業経営にとって安定的かつ好都合に利用できる資金源であり，自己資本比率が高いということは，それだけ利息の支払いも少なく企業経営の安全性が高いことを意味している。わが国では上場企業の平均は30％〜40％程度であり，中小企業の平均は15〜20％程度である。


　なお，自己資本比率を向上させるには，自己資本を増やす方法と，負債を減らす方法が考えられる。

　a．自己資本を増やす方法

　　・当期純利益から一定の金額を内部留保する

　　・増資する

　　・株式公開・上場する

　　・社債を株式に転換する

　b．負債を減らす方法

　　・有利子負債を削減する

　　・仕入債務を早く支払う

　　・未払勘定を早く支払う

「自己資本」を用いて企業の安全性を評価する代表的な指標としては、「自己資本比率」のほかに「負債比率」、「固定比率」および「固定長期適合率」がある。

## 2 負債比率

負債比率は、会社が自己資本の何倍の負債を保有しているかを示すもので、負債を自己資本で割って求める。分子・分母共にバランスシートの貸方のみから計算できる指標である。

$$負債比率(\%) = \frac{負債}{自己資本} \times 100$$

先の自己資本比率は値が大きいほど安全性は高まるが、この負債比率は値が小さいほど安全性が高まる。負債比率が高い企業は、金融機関からの融資を受けるのが難しくなり、借入金利も高くなるのが通例である。負債比率は、100％以下が標準とされている。

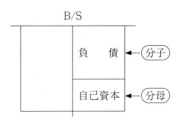

## 3 固定比率

(1) 固定比率は、資金調達面から見た「自己資本」と資産運用面から見た「固定資産」との関係で、財務の安定性を判断する指標であり、次の式で示される。

$$固定比率(\%) = \frac{固定資産}{自己資本} \times 100$$

　　**(注)** 固定資産＝有形固定資産＋無形固定資産＋投資その他の資産

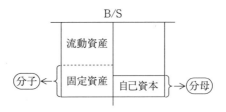

(2) 固定資産と棚卸資産

　a．商品（棚卸資産）を仕入れた場合は，商品が販売されれば売上代金の
　　形で現金を回収することができる。

現金──→商品──→現金

　b．固定資産を取得すると資金が固定化されてしまう。例えば，建物や機
　　械の取得のための資金は，販売目的の資産でなく自己使用目的の資産で
　　あるため，減価償却を通じて長期にわたって貨幣性資産の裏付けのある
　　収益によって回収されることになる。特に土地の場合は減価償却をしな
　　いため，売却しない限り投下資金は回収できない。このような理由から，
　　固定資産は返済を要しない自己資本でまかなわれることが，最も安全な
　　財務形態であるといえる。

　c．このため，固定資産の取得は自己資本の範囲内にとどめることが原則
　　であり，多額の借入れをしてまで固定資産を増やすことは危険である。
　　したがって，固定比率は低いほどよく100％以内が理想とされている。
　　しかし，わが国の製造業の固定費率は上場企業の場合平均130％程度で
　　あり，中小企業の平均は200％程度である。

　　　この比率が100％超になると，固定資産の取得に際し自己資本だけで
　　は足りず，一部が負債によって資金調達されていることがわかる。なお，
　　固定比率は業種によって大きなばらつきがあり，製造業ではこの比率は
　　高く，サービス業や卸・小売業では低い傾向にある。

【資産の資金回収プロセス】

| | 棚卸資産（商品） | 固定資産（建物） |
|---|---|---|
| 保有目的<br>保有期間 | 販売目的<br>短期保有 | 自己使用目的<br>長期保有 |
| 資金回収<br>プロセス | 現　金<br>↓仕入<br>商　品<br>↓販売<br>現　金 | 現　金<br>↓<br>建　物<br>↓<br>減価償却費<br>↓<br>売上の中から<br>長期間に<br>回収される |

## 4　固定長期適合率

　設備投資は，自己資本の範囲内で行うことが理想的であるが，それはなかな
か難しいことである。特に企業間の競争が激しく設備の新増設が急務の折には
借入金に頼らざるをえない。しかし，その場合であっても返済期限が長期にわ
たる固定負債（例：長期借入金や社債）が望ましい。このような考えを反映した
指標が固定長期適合率であり，次の式によって示される。

$$固定長期適合率(\%) = \frac{固定資産}{自己資本＋固定負債} \times 100$$

　自己資本と固定負債によって固定資産がまかなわれていれば，財務的に安定
しているといえる。それゆえ固定長期適合率は100％以下が望ましいとされて
いるが，わが国の製造業では上場企業平均で80％程度，中小企業で70％程度で
ある。

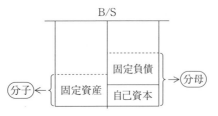

第3節の安全性分析では，貸借対照表を用いる各種比率の意義やその計算方法を説明した。それらの計算方法を図で示すと下のように表すことができる。

**【B/Sを用いる各種比率】**

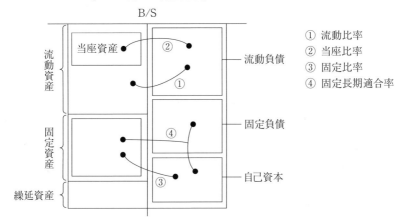

① 流動比率
② 当座比率
③ 固定比率
④ 固定長期適合率

---

**例題3－1**

次のB/Sの資料に基づいて，各種比率（流動比率，当座比率，自己資本比率，負債比率，固定比率，固定長期適合率）を計算しなさい。

(B/S) 売掛金￥1,800　受取手形￥1,200　棚卸資産￥2,000　固定資産￥3,000

流動負債￥4,000　固定負債￥2,000　純資産￥2,000

---

**【解 答】**

① 流動比率 $= \dfrac{1,800+1,200+2,000}{4,000} \times 100 = \dfrac{5,000}{4,000} \times 100 = 125(\%)$

② 当座比率 $= \dfrac{1,800+1,200}{4,000} \times 100 = \dfrac{3,000}{4,000} \times 100 = 75(\%)$

③ 自己資本比率 $= \dfrac{2{,}000}{4{,}000 + 2{,}000 + 2{,}000} \times 100 = \dfrac{2{,}000}{8{,}000} \times 100 = 25(\%)$

④ 負債比率 $= \dfrac{4{,}000 + 2{,}000}{2{,}000} \times 100 = \dfrac{6{,}000}{2{,}000} \times 100 = 300(\%)$

⑤ 固定比率 $= \dfrac{3{,}000}{2{,}000} \times 100 = 150(\%)$

⑥ 固定長期適合率 $= \dfrac{3{,}000}{2{,}000 + 2{,}000} \times 100 = 75(\%)$

## 5 インタレスト・カバレッジ・レシオ

インタレスト・カバレッジ・レシオは，一定期間中に支払うべき支払利息に対して，その何倍の事業利益を上げているかを見る場合に用いられる。営業からの利益またはキャッシュ・フローが支払利息の何倍にあたるかを測るものであり，ROA・ROEを補完する代表的な安全性の指標である。

事業利益（営業利益＋受取利息＋受取配当金）を支払利息で割って求めるもので，金融費用の支払能力あるいは支払の安全性を見るための指標である。インタレスト・カバレッジ・レシオは倍率で示され，倍率が高いほど利息支払の余裕度も高く望ましいといえる。

$$\text{インタレスト・カバレッジ・レシオ（倍）} = \frac{\text{事業利益}}{\text{支払利息}}$$

$$= \frac{\text{営業利益＋受取利息＋受取配当金}}{\text{支払利息}}$$

インタレスト・ガバレッジ・レシオの倍率を高めるには，業績を上げるもしくは遊休資産等を売却してそれによって借入金を返済し，支払利息を減らすことが必要である。

236

---

例題3－2

次のP/Lの資料に基づいてインタレスト・カバレッジ・レシオを計算しなさい。
　（P/L）営業利益￥2,000　営業外収益￥2,000（受取利息￥800，受取配当金
　　　　￥900，その他￥300）
　　　　営業外費用￥2,500（支払利息￥2,000，その他￥500）

【解　答】

$$インタレスト・カバレッジ・レシオ＝\frac{2,000+800+900}{2,000}＝1.85（倍）$$

---

例題3－3

B/S，P/Lの資料に基づいて，次の各種比率を計算しなさい。
　1．総資本利益率
　　(1)　総資産営業利益率（ROA）＝
　　(2)　売上高営業利益率＝
　　(3)　総資産回転率＝
　　(4)　自己資本純利益率（ROE）＝
　2．回転率
　　(1)　売上債権回転率＝
　　(2)　棚卸資産回転率＝
　　(3)　固定資産回転率＝
　3．安全性分析
　　(1)　流動性比率＝
　　(2)　当座比率＝
　　(3)　自己資本比率＝
　　(4)　負債比率＝
　　(5)　固定比率＝
　　(6)　固定長期適合率＝
　　(7)　インタレスト・カバレッジ・レシオ＝

【資料】

貸借対照表
令和×年3月31日　　（単位：万円）

| （資産の部） | | （負債の部） | |
|---|---|---|---|
| 流動資産 | 2,500 | 流動負債 | 2,000 |
| 　現金預金 | 600 | 　買掛金 | 800 |
| 　売掛金 | 800 | 　支払手形 | 600 |
| 　受取手形 | 700 | 　短期借入金 | 500 |
| 　商品 | 500 | 　未払法人税等 | 100 |
| 　貸倒引当金 | △100 | 固定負債 | 1,500 |
| 固定資産 | 2,500 | 　長期借入金 | 1,500 |
| 　有形固定資産 | 2,400 | 負債合計 | 3,500 |
| 　減価償却累計額 | △400 | （純資産の部） | |
| 　無形固定資産 | 300 | | |
| 　投資その他資産 | 200 | 株主資本 | 1,500 |
| | | 　資本金 | 500 |
| | | 　利益剰余金 | 1,000 |
| | | 純資産合計 | 1,500 |
| 　総資産合計 | 5,000 | 　総資本合計 | 5,000 |

損益計算書
（令和×年4月1日〜
令和×年3月31日）
（単位：万円）

| | |
|---|---|
| 売上高 | 8,000 |
| 売上原価 | 5,000 |
| 　売上総利益 | 3,000 |
| 販売費・管理費 | 2,000 |
| 　営業利益 | 1,000 |
| 営業外収益 | 200 |
| 　受取利息 | 120 |
| 　受取配当金 | 80 |
| 営業外費用 | 700 |
| 　支払利息 | 700 |
| 　経常利益 | 500 |
| 　特別利益 | 80 |
| 　特別損失 | 50 |
| 税引前利益 | 530 |
| 法人税等 | 230 |
| 当期純利益 | 300 |

【解答】

1．総資本利益率

(1)　総資産営業利益率（ROA）$= \dfrac{1,000}{5,000} \times 100 = 20（\%）$

(2)　売上高営業利益率 $= \dfrac{1,000}{8,000} \times 100 = 12.5（\%）$

(3)　総資産回転率 $= \dfrac{8,000}{5,000} = 1.6（回）$

(4)　自己資本純利益率（ROE）$= \dfrac{300}{1,500} \times 100 = 20（\%）$

2．回　転　率

(1)　売上債権回転率 $= \dfrac{8,000}{(800-100)+700} = \dfrac{8,000}{1,400} ≒ 5.7（回）$

(2)　棚卸資産回転率 $= \dfrac{8,000}{500} = 16$（回）

(3)　固定資産回転率 $= \dfrac{8,000}{2,500} = 3.2$（回）

## 3．安全性分析

(1)　流動性比率 $= \dfrac{2,500}{2,000} \times 100 = 125$（％）

(2)　当座比率 $= \dfrac{600 + (800 - 100) + 700}{2,000} = \dfrac{2,000}{2,000} \times 100 = 100$（％）

(3)　自己資本比率 $= \dfrac{1,500}{5,000} \times 100 = 30$（％）

(4)　負債比率 $= \dfrac{3,500}{1,500} \times 100 = 233$（％）

(5)　固定比率 $= \dfrac{2,500}{1,500} \times 100 \fallingdotseq 167$（％）

(6)　固定長期適合率 $= \dfrac{2,500}{1,500 + 1,500} \times 100 = 83$（％）

(7)　インタレスト・カバレッジ・レシオ $= \dfrac{1,000 + 120 + 80}{700} = \dfrac{1,200}{700}$
$= 1.71$（倍）

## 第**4**節 | 成長性分析

　成長性分析の中心的概念は，「発行済株式1株当たりの当期純利益」(EPS) (Earnings Per Share) であり，この1株当たり利益 (EPS) は，企業の業績と株価との関連を見るうえで重要な概念である。

　このほか1株当たり純資産額 (BPS) も，会社の純資産と株価との関連を見るうえで重要な概念である。このように株価との関連を見るにあたっては，まず最初に会社の利益や純資産額を1株当たりの値に直し，次にそれを株価と対比させる。このプロセスは次のように示される。

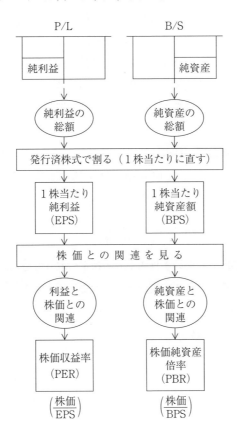

## 1 1株当たり当期純利益（EPS）と1株当たり純資産額（BPS）

### 1 1株当たり当期純利益（EPS）

1株当たり当期純利益（EPS）（Earnings Per Share）は当期純利益を発行済み株式数で割ることによって求められる。

$$1株当たり当期純利益(EPS)(円) = \frac{当期純利益}{発行済株式数}$$

長期的に見ると，株価は1株当たり当期純利益（EPS）の動きに連動することが多い。なお，EPSは分子が当期純利益であるため，本業での業績悪化をカバーするために有価証券や土地の売却益を計上して当期純利益を増やしている場合などは，EPSが伸びていてもそれだけでは当該企業の成長力が証明されたとはいえない。また，1株当たり当期純利益（EPS）を高めるには，分子の当期純利益の増加が不可欠である。そのためには会社の業績を伸ばすことやコスト低減のための努力が必要で，人員整理などのリストラを実施する場合もある。また，分母の発行済株式数を減らすために自社株消却等が行われることもある。

### 2 1株当たり純資産額（BPS）

1株当たり純資産額（BPS）（Book-value Per Share）は，純資産額を発行済株式数で割ることによって求めることができる。

$$1株当たり純資産額(BPS) = \frac{純資産額}{発行済株式数}$$

これは会社が解散した時の1株当たりの株主の取り分を示している。値が高ければ高いほど，その会社の安定性は高く投資価値も大きい。

なお，株式分割が行われるとBPSは下がるが，この場合は，必ずしも安定性を測る尺度とはならない。

【1株当たり当期純利益（EPS）と1株当たり純資産額（BPS）】

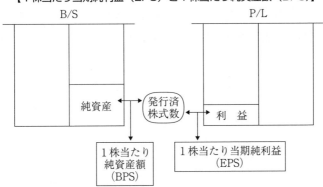

## 2　株価に関する指標

### 1　株価収益率（PER）

　株価収益率（PER）（Price Earnings Ratio）とは株価を1株当たり当期純利益（EPS）で割ることによって求められる。

$$株価収益率（PER）（倍）＝\frac{株価}{1株当たり当期純利益（EPS）}$$

　これは株価が1株当たり当期純利益の何倍になっているかを計算するものであり，通常は株価収益率（PER）が低いほど株価が割安であり，PERが高いほど株価が割高であると考えられる。一般的に成長性のある企業ほど株価収益率（PER）が高くなる傾向にある。これは投資家がその企業の成長性を期待して株価が上昇しているからである。

　PERの値は，上場企業平均で20倍程度といわれている。

### 2　株価純資産倍率（PBR）

　株価を1株当たり純資産額（BPS）で割ることによって求める。

$$株価純資産倍率（PBR）（倍）＝\frac{株価}{1株当たり純資産額（BPS）}$$

純資産額は会社の解散価値でもある。その純資産額を発行済株式数で割って
求めた1株当たり純資産額（BPS）を株価と比較して，株価が割安か割高かを
判断する指標が株価純資産倍率（PBR）である。上場会社平均では1〜2倍程
度である。

**【株価収益率（PER）と株価純資産倍率（PBR）】**

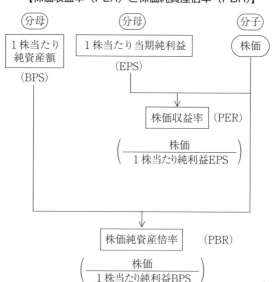

## 3 配当に関する指標

### 1 配当性向

配当性向とは，その企業が当期純利益のうち配当金として株主に支払ってい
る割合を示す指標で，次の式によって求められる。

$$配当性向（\%）= \frac{1株当たり配当金}{1株当たり当期純利益（EPS）} \times 100$$

配当性向が高いほど，当期純利益の中の多くの部分を株主に配当の形で還元
しているといえる。これと反対に，配当性向が低いということは，配当を支払
わず内部留保を増やすことを意味しており，その結果自己資本比率は高まるこ

とになる。日本企業には利益の多少に関係なく安定配当政策をとる企業が見られる。配当性向は上場企業平均で20〜30％である。

## 2　配当利回り

配当性向と類似するものに配当利回りがある。配当利回りとは，株主がその株に投資した時にリターンとして得られる1株当たりの配当金が，株価の何パーセントになるかを表す指標で，次の式によって求めることができる。

$$配当利回り（％）= \frac{1株当たり配当金}{株価} \times 100$$

配当金が一定であれば，株価が低いほど配当利回りは高くなる。すなわち投資効率が良いということになる。もし配当利回りが現在の金利水準（預金金利や債券利回り）を上回っていれば，預金や債券よりも株式投資の方が採算が良いことになる。

日本企業はとかく安定配当にこだわり，業績が良くても悪くても配当金額を変えない企業が多い。そのため，配当利回りだけで企業の業績をつかむのは難しい場合もある。なお，配当利回りは上場企業平均で1〜1.5％程度である。

**【配当性向と配当利回り】**

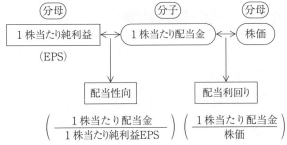

**【会社の成長と株価・配当との関係】**

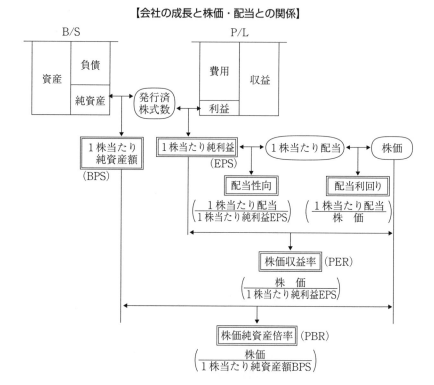

## 4 会社の成長性と各種項目の伸び率

会社の成長は，損益項目（売上高や利益）の伸び率や，資産項目（総資本や自己資本等）の伸び率に表れる。

1. 売上高の伸び率（増収率）(%) $= \left( \dfrac{当期売上高}{前期売上高} - 1 \right) \times 100$

2. 営業利益の伸び率(%) $= \left( \dfrac{当期営業利益}{前期営業利益} - 1 \right) \times 100$

3. 経常利益の伸び率(%) $= \left( \dfrac{当期経常利益}{前期経常利益} - 1 \right) \times 100$

4. 総資本（総資産）増加率(%) $= \left( \dfrac{当期総資本}{前期総資本} - 1 \right) \times 100$

5. 自己資本増加率(%) $= \left( \dfrac{当期自己資本}{前期自己資本} - 1 \right) \times 100$

## 1 売上高の伸び率（増収率）

売上高は会社にとって最も重要な数字である。一定以上の水準を確保できなくなれば，仕入代金も社員給料も支払えなくなる。売上が伸び続けることは望ましいことであるが，その場合に用いる比較のパターンは次の3つである。

(1) 前月と比べて今月がどの位伸びたか（前月比）

 （例）　8月の売上は，7月と比べてどの位増えたか

(2) 前年同月と比べて今年の同月がどの位伸びたか（前年同月比）

 （例）　今年8月のビールの売上は，昨年の8月に比べてどのくらい増えたか

(3) 前年の年間売上高と比べて，今年の年間の売上高はどの位伸びたか（前年比）

 この場合は1年や2年のデータで判断することは危険であり5年〜10年のデータに基づいて判断する必要がある。売上高の伸び率（増収率）が高くても直ちに成長企業と判断することはできない。特殊要因によって売上が急拡大しても，ブームが終わりその反動で急激に売上が下がる場合もある。また売上減少が続いたあと，ようやく改善に向かう場合などは売上が急に伸びることがあるので，分析にあたっては慎重な判断が必要である。

## 2 売上高の伸びと売上総利益の伸びとの関係

売上が伸びただけでは会社が成長したとはいえない。同時に利益が伸びていなければならない。次に，「売上（収益）の増減」を増収・減収，「利益の増減」を増益・減益で表すと売上と利益の組み合せは次の4通りである。

(1) 増収・増益

 売上が増え，利益も増えるので，最も望ましい。

(2) 減収・減益

 売上が減り，利益も減るので，最悪の状況である。

(3) 減収・増益

 売上が減り，利益は増える。

(4) 増収・減益

　　売上が増え，利益は減る，安売り競争に巻き込まれている状況である。

なお，当期利益は単に金額が大きいだけでなく，継続して増えているかどう

かも重要である。

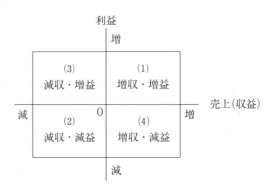

## 3　総資本（純資産）増加率

　総資本（＝総資産）の増加は，成長率が高く経営の規模が拡大したことを示す。

## 4　自己資本増加率

　内部留保の積み増しや新株発行（増資）による自己資本の増加は，返済をし

なくてもよい資本が増えたことを意味し経営の安定につながる。

## *Column*　黒字倒産とキャッシュ・フロー経営

　損益計算書では利益が出ている（黒字）のに，企業が倒産することがある。取引の全てが現金処理で行われればよいが，実際は掛で販売したり，現金の代わりに手形を受け取ったりする。その一方で，買掛金の支払いがあれば，売掛金や手形決済による現金の流入で賄うことになる。もし，売掛金決済がなされずに貸倒れになり，また手形決済が行われずに不渡りになると，現金が入ってこなくなり，買掛金の支払いができなくなる。こうした事態が続けば，資金繰りが悪化してやがて企業は倒産することになる。つまり，決算で利益が出ていても，それに安心するのではなく，現金の流れ（現金の流入と流出）を絶えず把握しておく必要がある。こうした意味で，キャッシュ・フロー経営が叫ばれるようになった。

## 第**5**節 損益分岐点分析

　損益分岐点分析は，利益計画のプロセスにおいて活用される，利益管理の代表的な手法である。これは，生産量や売上高（volume）の変化にともなう利益（profit）と費用（cost）の変化に関する分析手法で，頭文字をとって，「CVP分析」とも呼ばれ，利益計画，予算編成，意思決定などにも用いられる。経営者は利益目標を達成するための利益計画を作成する。利益計画設定の過程で，経営者はさらに損益分岐点分析を活用して目標利益を達成するためにはどれだけの売上高と生産高が必要となり，コストはどれだけ引き下げなければならないかを計画する。それが損益分岐点分析の経営への活用である。

### 1 損益分岐点の意義

　損益分岐点（Break Even Point, BEP）とは，費用と収益が等しくなる売上高，それは利益も損失も出ない損益0（ゼロ）の点を表している。この損益分岐点を利用して企業の損益の構造を分析する手法を「損益分岐分析」または「損益分岐点分析」といい，経営管理のために広く使われている。「赤字にならないためには最低いくらの売上高が必要か」「〇〇円の利益を確保するにはいくらの売上高が必要か」などの計画に使われる。

　損益分岐点分析は有用である上に理解しやすいため，経営分析はもちろんのこと経営学，管理会計，原価計算（主に直接原価計算）等広い領域のテキストで説明されている。損益分岐点分析は外部分析よりもむしろ経営管理（「管理会計」）のための内部分析に用いられるため，テキストでは内部分析の立場から解説がなされることが多い。しかし，固定費，変動費といった費用構造に光をあてることによって外部分析にとっても損益予測，決算操作の発見等に有用なツールとなる。

　損益分岐点を計算するためには，総費用をできるだけ正確に変動費と固定費とに分ける必要がある。

　費用には，①売上高が増減すると，それに伴って増減するもの（変動費）と，②売上高の増減に影響されず，常に同一の費用を発生するもの（固定費）とに大別される。

　損益分岐点を算出するためには，次のような手順で行う。

①　総費用を，売上高に比例して変化する「変動費」と，売上高の推移に連動しない「固定費」に分類する。

②　売上高から変動費を差し引いて「貢献利益」（「限界利益」ともいう）を算定する。貢献利益が求められるのは，その限界利益によって固定費が賄えるかどうかを判断するためである。

③　貢献利益から固定費を差し引いて「営業利益」を算定する。

## 2 営業利益と貢献利益

　損益計算書は，総収益から総費用を差し引いて利益を求める。

＜財務会計上の営業利益の算定＞

　　売上高－売上原価＝売上総利益

　　売上総利益－販売費・一般管理費＝営業利益

＜管理会計上の営業利益の算定＞

　　売上高－変動費＝貢献利益

　　貢献利益－固定費＝営業利益

これを図で示すと次のようになる。

【財務会計】

| 売上高 | 売上原価 | |
| | 売上総利益 | 販売費・一般管理費 |
| | | 営業利益 |

【管理会計】

| 売上高 | 変動費 | 売上原価 販管費 | |
| | 貢献利益 | | 固定費 |
| | | | 営業利益 |

例を挙げて説明する。ここでは，売上総利益の算定を行う（ただし，変動費率を30%とする）。

---

売上高　1,000

総費用　　800 $\begin{cases} 変動費300（＝売上高1,000×変動費率30\%）\\ 固定費500（＝総費用800－変動費300） \end{cases}$

---

(1) 財務会計上は，売上高1,000－総費用（売上原価）800＝売上総利益200となる。

(2) 管理会計上では，売上高1,000－変動費300－固定費500＝売上総利益200となる。

　「売上高－変動費」によって得られる数値は，限界利益（売上高1,000－変動費300＝700）と呼ばれる。

　このように，会社が利益を生み出すためには，固定費（500）を上回る限界利益を確保しなければならないことがわかる。そのためには，一体，いくら以上の売上高を確保すれば利益が出るかを算定するための分析方法が，損益分岐点分析の目的である。

## ③ 変動費・固定費

　損益分岐点を計算するには，費用を売上高の変化に比例して変化する変動費（variable costs）と売上高が変化しても変わらない固定費（fixed costs）とに分解する必要がある。費用を変動費と固定費に分解することを費用分解というが，費用分解の方法には勘定科目精査法（費目別精査法），高低点法，スキャッター・グラフ法（散布図表法），最小自乗法（最小二乗法），IE（Industrial Engineering）法などがある。

## 1　費 用 分 解

### (1) 変　動　費

　変動費とは，売上（生産量・販売量）に比例して増減する経費のことをいう。

「可変費」と呼ばれることもある。具体的には原材料費や仕入原価，販売手数料などが変動費にあたる。人件費は一般的には固定費となるが，派遣社員や契約社員の給与，残業手当などは変動費とみることもできる。

＜変動費に分類される費用＞

・商品仕入費

・外注費

・保管料

・材料費

・配送費

・支払運賃　など

　これらの費用であっても，業種，業態や会社の判断基準の違いによって変動費ではなく固定費として取り扱うことがある。逆に，固定費の広告宣伝費であっても，売上高とかなり明確な関係を有する場合は，変動費として扱う。つまり個の費用が売上高の増減と比例関係にあるものが変動費ということである。

⑵ 固定費

　固定費とは，売上高（生産高）に関わらず一定額かかる費用のことである。次のようなものが，固定費に分類される。

　商品などの製造・販売数の増減に関係なく，毎期一定に支払う費用のこと。不変費とも言う。人件費，減価償却費，諸経費などがこれにあたる。ただし，物価の影響などで支出金額には変動が生じるため，毎期定額を支払う科目を固定費とする考え方もある。

＜固定費に分類される費用＞

・人件費

・水道光熱費

・接待交際費

・不動産賃借料

・通信費

・支払利息　など

## 2 費用分解の方法

### (1) 勘定科目精査法（費目別精査法）

　勘定科目精査法（費目別精査法）は，過去の一定期間の実績データ（原価額）について，各原価要素の費目ごとに変動費か固定費かを分類する方法である。

### (2) 高 低 点 法

　高低点法（high-low point method）とは，過去の実績データのうち，最も高い営業量に対応する原価額と，最も低い営業量に対応する原価額の組合せを取り出し，その両者間の原価の動きを直線とみなして変動費率（操業度１単位あたりの変動費）と固定費を計算する方法である。

　なお，正常操業圏外の営業量において発生した原価額は異常値と考えられるため，正常操業圏内おいて発生した原価額のみを使用すべきである。

$$変動費率 = \frac{最高の営業量の実績データ - 最低の営業量の実績データ}{最高の営業量 - 最低の営業量}$$

固定費 ＝ 最高の営業量の実績データ － 変動費率 × 最高の営業量

　　　　または

　　　　最低の営業量の実績データ － 変動費率 × 最低の営業量

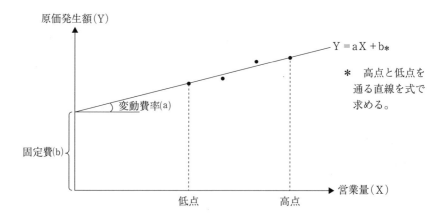

### (3) スキャッター・グラフ法（散布図表法）

　生産量と製造コストの実績を，グラフに記入して，それらの点の真中を通る

原価直線を目分量で引き，原価を予測する方法である。

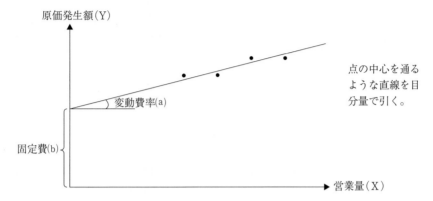

## (4) 最小自乗法（最小二乗法）

　最小自乗法（method of least squares）とは，回帰分析法の一種であり，原価の推移を営業量の変化に関係づけられる直線と考え，原価の実績データの平均線（回帰線）を求める方法である。すなわち，スキャッター・グラフ法では，原価直線を目分量で引くが，この線を計算で求めるのが最小自乗法である。

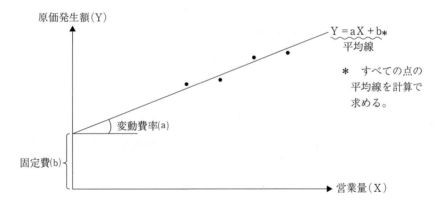

## (5) IE（Industrial Engineering）法

　IE法とは，動作研究や時間研究といった工学的な生産管理の手法により，経営資源の投入と原価発生額との関係を把握する方法である。

---

**例題5－1**

　次の資料に基づき，高低点法による原価分解をし，①変動費率と②月間固定費を計算しなさい。なお，正常操業圏は220個から440個である。

| 月 | 生産量 | 製造原価 |
|---|---|---|
| 4 | 320個 | ￥23,200 |
| 5 | 280個 | ￥23,000 |
| 6 | 360個 | ￥23,600 |
| 7 | 200個 | ￥21,800 |
| 8 | 300個 | ￥23,140 |
| 9 | 240個 | ￥22,400 |

---

**【解　答】**

①　@￥10　　②　￥20,000

変 動 費 率　$\dfrac{￥23,600 - ￥22,400}{360個 - 240個} = @￥10$

月間固定費　￥22,400 － 240個 × @￥10 ＝ ￥20,000

　　　　　　または，￥23,600 － 360個 × @￥10 ＝ ￥20,000

なお7月は，正常操業圏外であるため，除外。

# 4 損益分岐点図表

　売上高線と総原価線の交わるところが，売上高と総原価が等しい状態，すなわち営業利益がゼロになる点であり，この点を損益分岐点という。この損益分岐点を境にして，さらに売上高を増加させていけば営業利益が発生することがわかる。

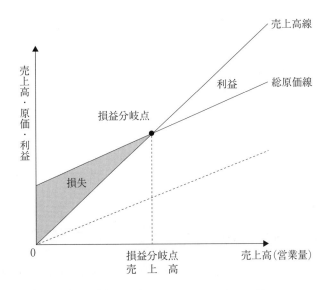

## 5 損益分岐点売上高の求め方

　損益分岐点売上高は，営業利益がちょうどゼロになる売上高であり，最低目標の売上高といえる。これは，次の公式によって計算することができる。

$$損益分岐点売上高 = \frac{固定費}{貢献利益率}$$

　また，損益分岐点における販売量を損益分岐点販売量といい，これは損益分岐点売上高を販売価格で割ることによって計算するか，次の公式によって計算することができる。

$$損益分岐点販売量 = \frac{固定費}{製品単位あたり貢献利益}$$

---

**例題5－2**

　次の資料に基づき，①損益分岐点売上高，②損益分岐点販売量をそれぞれ計算しなさい。

　販売単価　@¥100　　変動費　@¥30　　固定費　¥210,000

## 【解　答】

①　¥300,000　　②　300個

損益分岐点売上高をＸとし，営業利益がゼロとなるように売上高を算定する。

| | |
|---|---|
| 売上高 | X |
| 変動費 | 0.3X |
| 貢献利益 | 0.7X |
| 固定費 | 210,000 |
| 営業利益 | 0 |

$$0.7X = ¥210,000$$
$$X = ¥210,000 ÷ 0.7$$
$$X = ¥300,000$$

## 6 目標営業利益を達成する売上高

損益分岐点売上高さえあれば，企業はそれで事足りるとするわけにはいかない。企業は一定の利益を必要とするから，経営者は目標利益がいくら必要になるかを計算し，それを計画しなければならない。

目標営業利益を達成する売上高は，売上高－（変動費＋固定費）＝目標営業利益となる売上高であり，次の算式によって計算する。

売上高－（変動費＋固定費）＝目標営業利益

貢献利益＝固定費＋目標営業利益

売上高×貢献利益率＝固定費＋目標営業利益

$$目標営業利益を達成する売上高 = \frac{固定費＋目標営業利益}{貢献利益率}$$

### 例題5－3

次の資料に基づき，上記 例題5－2 の資料を基に，目標営業利益¥140,000を達成する売上高を計算しなさい。

## 【解　答】

目標営業利益を達成する売上高　¥400,000

損益分岐点売上高をＸとし，目標営業利益が¥140,000となるように売上高を算定する。

```
売上高            X
変動費          0.3X
  貢献利益       0.7X
固定費        210,000
  営業利益     140,000
```

$0.7X = ￥210,000 + ￥140,000$

$X = ￥350,000 ÷ 0.7$

$X = ￥500,000$

## 7 安全余裕率の計算

　安全余裕率（margin of safety；M／S）とは，損益分岐点売上高からどのくらい離れているかを示す比率をいう。安全余裕率が高ければ，予想売上高が損益分岐点売上高より離れていることになり，収益力があることを意味するので，安全であると判断できる。安全余裕率は次の公式によって計算できる。

$$安全余裕率（％）= \frac{予想売上高 - 損益分岐点売上高}{予想売上高} \times 100$$

### 例題 5 － 4

　損益分岐点売上高は￥300,000である。予想売上高が￥400,000と設定されたとき，安全余裕率がいくらになるかを算定しなさい。

【解　答】

　安全余裕率　25％

$$\frac{￥400,000 - ￥300,000}{￥400,000} \times 100 = 25％$$

## 8 オペレーティング・レバレッジ（Operating Leverage）

　利益の変化率と売上高の変化率の割合をオペレーティング・レバレッジ（経営レバレッジ）という。

　オペレーティング・レバレッジは安全余裕率の逆数であるから，1に近いほうが経営の安全度が高く，数値が1より大きいほど売上高と損益分岐点が近く

安全余裕率が低いことを意味する。

　経営レバレッジ係数とは，企業経営における固定費の利用を測定する指標をいい，次の式で計算することができる。

$$経営レバレッジ係数 = \frac{貢献利益}{営業利益}$$

　経営レバレッジ係数は，固定費の割合の高い企業ほど大きくなる。なぜならこの係数の分子の貢献利益は，固定費と営業利益の合計だからである。

参考：英和勘定科目表

| BALANCE SHEET | 貸借対照表 |
|---|---|
| Assets | 資産 |
| Current assets： | 流動資産： |
| Cash | 現金 |
| Short-term investments | 短期投資 |
| Account receivables-trade | 売掛金 |
| Credit receivables | クレジット売掛金 |
| Notes receivable | 受取手形 |
| Electronically recorded receivables | 電子記録債権 |
| Allowance for uncollectible accounts | 貸倒引当金 |
| Inventories | 棚卸資産 |
| merchandise | 商品 |
| finished goods/products | 製品 |
| work-in-process | 仕掛品 |
| raw materials | 原材料 |
| Advance payment | 前渡金 |
| Prepaid expenses | 前払費用 |
| Accrued revenues | 未収収益 |
| Properties, plant and equipment： | 有形固定資産： |
| Land | 土地 |
| Buildings | 建物 |
| Furniture and fixture | 器具備品 |
| Machinery and equipment | 機械装置 |
| Automobiles | 車両運搬具 |
| Accumulated depreciation | 減価償却累計額 |
| Construction-in-progress | 建設仮勘定 |
| Intangible assets： | 無形固定資産： |
| Patent rights | 特許権 |
| Trademark | 商標権 |
| Other noncurrent assets： | その他非流動資産： |
| Long-term loan receivables | 長期貸付金 |
| Investment securities | 投資有価証券 |
| Liabilities | 負債 |
| Current liabilities： | 流動負債： |
| Short-term borrowings | 短期借入金 |

| | |
|---|---|
| Accounts payable-trade | 買掛金 |
| Accounts payable-other | 未払金 |
| Notes payable-trade | 支払手形 |
| Electronically recorded obligations | 電子記録債務 |
| Notes payable | 借入金（銀行） |
| Income taxes payable | 未払法人税等 |
| Accrued expenses | 未払費用 |
| **Noncurrent liabilities :** | **非流動負債：** |
| Long term debt | 長期借入金 |
| Advance received | 前受金 |
| Unearned/Deferred revenue | 前受収益 |
| **Capital** | **資本** |
| **Capital** | **資本金** |
| **INCOME STATEMENT** | **損益計算書** |
| Sales | 売上高 |
| Cost of goods sold | 売上原価 |
| Gross profit | 売上総利益 |
| Operating expenses | 営業費用 |
| Advertising expense | 広告宣伝費 |
| Salaries expense | 給料 |
| Travel and entertainment expense | 旅費および交際費 |
| Insurance expense | 保険料 |
| Rental expense | 賃借料 |
| Utilities expense | 水道光熱費 |
| Communication expense | 通信費 |
| Depreciation expense | 減価償却費 |
| Bad debts expense | 貸倒引当損 |
| Miscellaneous expense | 雑費 |
| Operating income | 営業利益 |
| Other income（loss） | その他収益（損失） |
| Gains（losses）on disposal of assets | 固定資産売却益（損） |
| Gains（losses）on sales of investment | 投資資産売却益（損） |
| Dividend income | 受取配当金 |
| Interest income | 受取利息 |
| Interest expense | 支払利息 |
| Net income（loss） | 当期純利益（損失） |

# 索　引

## さ行

## 著 者 紹 介

三枝　幸文 （さえぐさ　ゆきふみ）

1969年　慶應義塾大学大学院経済学研究科修士課程修了（経済学修士）

1972年　同大学院経済学研究科博士課程修了（単位取得）

1982年　不動産鑑定士登録

1994年　静岡産業大学経営学部助教授

1997年　不動産鑑定士第2次試験試験委員（鑑定評価理論担当）

1998年　静岡産業大学経営学部教授

2012年　静岡産業大学学長

2016年　学校法人　新静岡学園理事長，現在に至る。

【主な著書等】

『簿記原理の展開』（共著，税務経理協会　1993年）

『財務諸表論の基礎』（共著，税務経理協会　1999年）

『現代簿記論』（共著，税務経理協会　2000年）

『現代簿記会計論』（税務経理協会　2003年）

『簿記・財務分析の基礎』（税務経理協会　2006年）

『簿記・経営分析入門』（税務経理協会　2009年）

『簿記・経営分析の基礎』（共著，税務経理協会　2013年）

「不動産の評価と収益価格」『月刊税経』（1996年），ほか


石垣　美佳 （いしがき　みか）

静岡大学人文社会科学研究科修士課程修了（経済学修士）

某大手専門学校教諭を経て，静岡産業大学非常勤講師。

現在は静岡産業大学専任講師。

【主な著書等】

「企業結合に伴う問題点－多重代表訴訟について－」『環境と経営』（静岡産業
大学論集　2019年）

著者との契約により検印省略

| | |
|---|---|
| 令和2年4月20日　初版第1刷発行 | 基礎から学ぶ |
| 令和4年9月20日　初版第2刷発行 | **簿記会計・経営分析** |

| | | |
|---|---|---|
| 著　者 | 三　枝　幸　文 | |
| | 石　垣　美　佳 | |
| 発 行 者 | 大　坪　克　行 | |
| 印 刷 所 | 税 経 印 刷 株 式 会 社 | |
| 製 本 所 | 牧 製 本 印 刷 株 式 会 社 | |

発 行 所　〒161-0033 東京都新宿区
　　　　　下落合2丁目5番13号

株式会社 **税務経理協会**

振　替 00190-2-187408
ＦＡＸ (03)3565-3391

電話 (03)3953-3301 (編集部)
　　　(03)3953-3325 (営業部)

URL　http://www.zeikei.co.jp/
乱丁・落丁の場合は，お取替えいたします。

© 三枝幸文・石垣美佳　2020　　　　　Printed in Japan

本書の無断複写は著作権法上での例外を除き禁じられています。複写される
場合は，そのつど事前に，（社）出版者著作権管理機構（電話 03-3513-6969,
FAX 03-3513-6979, e-mail : info@jcopy.or.jp）の許諾を得てください。

**JCOPY** ＜（社）出版者著作権管理機構 委託出版物＞

**ISBN978-4-419-06715-1　C3063**